# La Correspondance

OUVRAGES DE LA BARONNE STAFFE

**Usages du Monde.** — *Règles du savoir-vivre dans la Société moderne.* — 88° édition.

Un volume in-18 relié, toile anglaise. — **4** francs.

**Le Cabinet de Toilette.** — 64ᵉ édition.

Un volume in-18 relié, toile anglaise. — **4** francs.

**La Maîtresse de Maison.** — *L'art de recevoir chez soi.* — 40ᵉ édition.

Un volume in-18 relié, toile anglaise. — **4** francs.

**Traditions Culinaires** et *l'Art de manger toutes choses à table.* — 10ᵉ édition.

Un volume in-18 relié, toile anglaise. — **4** francs.

EN PRÉPARATION

**Mes Secrets.**

Un volume in-18 relié, toile anglaise. — **4** francs.

# LA CORRESPONDANCE

DANS

## Toutes les Circonstances de la Vie

PAR

## La Baronne STAFFE

SIXIÈME ÉDITION

PARIS

LÉON CHAILLEY, ÉDITEUR

8, RUE SAINT-JOSEPH, 8

1895

# LES BIENFAITS
# DE LA CORRESPONDANCE

Il serait très malheureux de voir les communications téléphoniques et les dépêches télégraphiques se substituer entièrement aux correspondances écrites.

Il y a beaucoup de gens qui disent plus de choses, montrent mieux la grâce de leur esprit, se font plus complètement connaître en écrivant qu'en parlant. On perdrait bien si le temps venait où cette sorte de gens ne s'exprimeraient plus par lettres.

Les communications électriques qui sont nécessairement brèves, qui ne sauraient être confidentielles, ne peuvent pas suffire à l'épanchement des cœurs et ne servent pas à l'échange des idées. Mieux vaut encore recevoir une carte-lettre ou une carte-correspondance portant quelques mots affectueux, que plusieurs sèches dépêches.

L'écriture d'une personne connue vient encore raviver son souvenir. Avec ses formes et ses nuances, elle accentue la pensée, comme la voix, avec ses modulations, donne toute sa valeur à la parole. Chaque personne a son écriture propre, ce qui sert beaucoup à l'individualiser dans la mémoire souvent très peuplée des gens qui vivent loin d'elle.

Une correspondance suivie entre les membres d'une famille éloignés les uns des autres, entre des amis séparés, maintiendra et développera même beaucoup parfois, les sentiments affectueux que l'absence détruit... diminue ou estompe tout au moins. Si le silence s'établit pendant un temps assez long entre gens qui s'aimaient, l'affection se dissout, la sympathie disparaît.

L'échange de lettres permet de ne pas se perdre de vue, de se tenir au courant des habitudes, des faits et gestes les uns des autres (ce qui est inappréciable pour l'amitié); de continuer à parler la même langue,... souvent d'avouer plus fortement que par la parole ses sentiments et ses sympathies, ce qui a pour résultat de se faire mieux aimer en se faisant mieux pénétrer.

Les lettres d'un père ou d'une mère à ses enfants peuvent les garder contre de grands dangers, les faire persévérer à marcher dans le chemin droit, dans la voie de l'honneur. Ces chères lettres viennent leur rappeler, évoquer devant leur regard le foyer paternel, où on leur a appris à vénérer les austères vertus.

Les lettres entre frères et sœurs empêchent le lien familial de se détendre, de se briser, quand le père et la mère, qui groupaient leurs enfants entre leurs bras, ont disparu et que le toit des ancêtres abrite des étrangers.

Posséderions-nous ce chef-d'œuvre qui s'appelle le *Journal d'Eugénie de Guérin*, si cette jeune fille, hautement douée, n'avait voulu maintenir, par une correspondance assidue (ce Journal qu'elle adressait à son frère Maurice), la vive tendresse fraternelle — quasi-maternelle de son côté — qui existait entre elle et le correspondant bien-aimé?

L'adorable M^me de Sabran, qui ne voulait épouser le chevalier de Boufflers qu'après avoir établi ses enfants, trouva le seul et véritable moyen de conserver l'amour de son ami, pendant les longues et lointaines absences qu'il fit au service du roi — en lui écrivant les délicieuses, tendres et spirituelles lettres que l'on connaît enfin.

« J'ai eu de fréquentes occasions, pendant ma résidence dans l'Inde, écrit Makinstosh, de comparer la conduite des hommes qui avaient eu le malheur de ne recevoir aucune éducation, avec la conduite de ceux qui, ayant appris à écrire, étaient en correspondance avec leur famille. Cette seule circonstance entretenait efficacement, chez de simples soldats, chez des matelots grossiers, des sentiments d'honneur et des dispositions vertueuses, tandis que ceux qui étaient dans l'impossibilité absolue de se mettre en communication directe avec leurs amis absents perdaient l'influence de cette surveillance mutuelle et de cette responsabilité morale opérées par la présence invisible de personnes chéries, qui sont des freins salutaires, des sources d'ordre, d'économie et de pudeur, et s'abandonnaient à une insouciance destructive de toute réserve et de tout respect pour eux-mêmes, méconnaissant tout besoin de se ménager une bonne renommée. »

Malheureusement, bien des gens, même parmi ceux qui possèdent une instruction suffisante, se refusent à écrire aux leurs, aux personnes qui les aiment, mus par un sentiment de modestie... blamâble ici. Ils se croient impuissants à exprimer leur pensée, du moins à l'exprimer avec élégance, et préfèrent rester muets, se laisser oublier, priver du bienfait de leurs conseils ceux à qui ils doivent des avis, plutôt que de s'exposer à une critique... improbable, du reste.

On finirait pourtant par bien écrire en pratiquant l'art de la correspondance. Quand on sait lire, armé d'une grammaire et d'un dictionnaire, on peut écrire sa langue et réformer son orthographe. Il faut penser aussi avant de laisser aller sa plume ; savoir ce qu'on a à dire, ce qu'on veut dire.

Ce que l'on conçoit bien s'énonce clairement.

La clarté est assurément la plus grande qualité d'un écrivain.

Mais enfin, pour faciliter la tàche aux timides,
nous avons réuni en volume les lettres écrites
par une jeune femme depuis son enfance. Nous
y avons ajouté des lettres de son mari, des siens
et les réponses faites à ces lettres. Nous avons voulu
les présenter au public, parce que nous les jugeons
bien capables de donner, aux gens embarrassés
pour écrire, le ton à employer dans la correspondance dans toutes les circonstances de la vie.

Notre livre n'est pas un « parfait secrétaire »,
un recueil de modèles à copier. Mais dans ces
lettres *vraies*, écrites et reçues dans une famille,
on trouvera plus d'une fois un guide sûr pour
telle ou telle occasion qui met les personnes inex-
périmentées dans une indécision cruelle, parce
qu'elles craignent de manquer de mesure, redou-
tent de se servir de formules impropres, ont peur
d'être trop ou insuffisamment polies.

On se rassurera en voyant, si on veut bien
feuilleter notre volume, que pour écrire de
façon à satisfaire celui auquel on s'adresse, il

ne faut que du tact, du cœur ou de la réflexion.

Tout le monde ne saurait égaler M^{me} de Sévigné ni Flaubert. Mais tout le monde peut s'exprimer avec netteté, politesse, affection, sympathie, selon les cas : ces qualités sont accessibles à tous et l'habitude de penser, de lire et d'écrire y ajoute bien vite l'élégance et le charme.

On verra, dans les lettres qui vont suivre, que pour écrire aux gens de sa parenté ou de son intimité, on peut, jusqu'à un certain point, mettre à sa plume la bride sur le cou. Cet abandon (je ne dis pas laisser-aller) n'élimine pas les sentiments de déférence et de respect. Mais on peut y exprimer son affection et son dévouement sans y mettre la réserve commandée à l'égard de ceux qui ne nous sont pas attachés par les liens du sang ou d'une amitié longue et éprouvée. On peut entrer dans mille détails qui communiquent à la lettre la grâce de la vie, on est sûr d'intéresser, d'émouvoir, d'attendrir, de provoquer la gaieté, etc.

En écrivant à des étrangers et même à de simples *connaissances*, une certaine retenue est nécessaire, une certaine sobriété dans la phrase et dans les détails, sans sécheresse pourtant, sans prétention surtout.

Un ton aimable, bienveillant, poli est obligatoire en toutes occurrences. Un ton gracieux, enjoué n'est nullement déplacé à l'égard de ce qu'on appelle les connaissances.

Pour les lettres d'affaires, il est bon d'aller droit au but, d'entrer en matière immédiatement et sans phrases superflues.

Les lettres de condoléance sont les plus difficiles à écrire, surtout si l'on ne se rend pas compte du *genre de la douleur* que doit éprouver la personne à laquelle on écrit. Car le même malheur ne nous fait pas souffrir tous de la même façon. Le caractère influe sur la forme du chagrin. Si on ignore la nature, les sentiments de ceux que la destinée vient de frapper, la *manière* dont ils ont accueilli l'affliction, il faut se borner à quelques mots de sympathie, de crainte de froisser leur chagrin par de longues phrases maladroites.

Le don de consoler appartient aux intuitifs

doués d'une grande bonté et d'une extrême délicatesse. La banalité des consolations ajoute à la
souffrance des êtres sensibles et exquis.

Mais un seul mot, venu des entrailles, peut
souvent calmer, adoucir une grande peine.

Quant aux lettres de félicitations, elles doivent
être exemptes de toute note personnelle. C'est-à-
dire que, si l'on souffre, on fera taire sa
souffrance, on n'en parlera pas du moins, on ne
fera pas sur soi-même de retour mélancolique,
afin de ne pas jeter une note discordante dans le
concert des vœux et des congratulations, des
applaudissements qu'on fait entendre aux gens
heureux.

Il faut être joyeux avec ceux qui sont dans la
joie, au moins ne pas jeter volontairement
d'ombre sur leur bonheur, en leur laissant apercevoir sa propre tristesse.

Et il faut pleurer avec ceux qui répandent des
larmes. La sympathie humaine doit se partager
entre les heureux et les malheureux. Parce que
vous venez de consoler un ami plongé dans le
deuil, refuserez-vous un sourire au jeune couple

qui passe dans son bonheur ? Non, car votre froideur, votre mélancolie ou votre indifférence serait comme un reproche à ce bonheur radieux.

Et, également, on s'efforcera de ne pas étaler sa joie sous les yeux noyés de pleurs. Il n'y a pas là, croyez-le, de dissimulation répréhensible. C'est une réserve commandée par une délicatesse de cœur et de tact.

Enfin, pour écrire comme pour parler, on devrait toujours avoir en vue la satisfaction des autres. L'amour de son semblable, l'altruisme véritable se révèle dans la plus insignifiante des lettres, car on peut toujours y témoigner du respect qu'on a pour autrui ou du mépris où l'on tient tout ce qui n'est pas soi.

Les meilleures qualités du style épistolaire, c'est le cœur qui nous les donne.

Baronne STAFFE.

Villa Aimée, 8 septembre 1894.

# L'ÉTIQUETTE
# DANS LA CORRESPONDANCE

## Détails importants.

« Il est aussi indispensable », a dit quelqu'un, « de répondre quand on vous écrit que quand on vous parle. » Il est vrai qu'on pourrait dire de la correspondance que c'est une conversation écrite.

C'est pour cette raison que les gens qui n'ont rien à faire ne doivent pas abuser, pour leur plaisir, du temps des gens qui travaillent, et qui sont trop polis pour laisser sans réponse des lettres sans intérêt... ou des lettres intéressées.

Dans une lettre, les abréviations sont considérées comme étant de mauvais goût.

On ne peut non plus y employer les chiffres que pour énoncer une somme ou une date. « 1000 ans » ne serait pas toléré, il faut « mille ans ». Mais on serait très correct en écrivant 1000 francs... à moins encore qu'il ne s'agit d'une lettre d'affaires où, par précaution, les sommes sont écrites en toutes lettres.

En nommant, dans une lettre, les parents ou les amis intimes de la personne à laquelle on s'adresse, on se gardera bien d'écrire en abrégé les mots Monsieur, Madame, Mademoiselle, « M. votre père », « M^{me} de Seillac » (en écrivant au mari de M^{me} de Seillac), « M^{me} votre fille ou votre sœur ». Il faut « Monsieur votre père », « Madame de Seillac », « Mademoiselle votre fille ou votre sœur », etc., etc.

Il faut tâcher de ne pas parler de la température, sauf bien entendu si l'on écrit à des parents proches, à des amis si affectueux qu'ils peuvent prendre quelque intérêt à savoir si vous avez froid ou chaud.

On doit éviter aussi de parler de soi, de sa personne morale et physique aux étrangers, aux connaissances banales, excepté dans le cas où il est nécessaire de faire intervenir sa santé pour expliquer un retard, une abstention, ou toute autre chose.

Il est bon de ne pas écrire avec trop d'abondance aux étrangers. On se borne à dire ce qui est nécessaire et on le dit de son mieux.

On commence sa lettre par le mot : « Monsieur », ou « Madame », « Mademoiselle », mis en vedette, après la date. A des personnes de connaissance, on dit bien : « Cher Monsieur », « Chère Madame », « Chère Mademoiselle ». Ce ton plus familier, plus aimable dépend de la nature des relations, c'est à chacun de se rendre compte si ce ton peut, doit être employé.

Jamais on n'écrit (ni ne dit, du reste), « Ma chère Dame », « Ma chère Demoiselle », ni « Mon cher Monsieur ».

Dans les lettres cérémonieuses ou officielles, il est nécessaire de donner aux gens le titre de leur fonction : « Monsieur le Ministre », « Monsieur le Président », « Madame la Directrice », « Monsieur le Général » ou « Général ». « Mon Général », « Mon Colonel », quand on a été militaire.

A un prince, « Prince ». A une duchesse, « Madame la Duchesse ». — On donne peu les autres titres nobiliaires, en France. Une fois; peut-être, et encore! en écrivant (ou parlant et non entre gens titrés), quand les relations sont cérémonieuses. Un usage anglais me paraît excellent pour les lettres cérémonieuses à écrire aux gens qui possèdent un titre... sans grande valeur aujourd'hui. Après l'adresse et la date, on écrit: « A Madame la Comtesse de...», puis immédiatement en vedette : « Madame ».

On me dira que cela ressemble à notre usage commercial; néanmoins, je persiste à trouver l'idée très bonne.

On ne termine plus les lettres en offrant « ses civilités empressées ». On remplace cela par les « sentiments distingués » ou «les meilleurs »; les

« compliments empressés » ou « les meilleurs »
« Veuillez, Monsieur, recevoir mes meilleurs compliments » ; ou « l'expression de mes sentiments distingués » ; ou « l'assurance de mes... etc. ».

A une femme, un homme dira : « Veuillez, Madame, ou chère Madame, agréer l'expression de tout mon respect — ou de mon profond respect. » A une femme avec laquelle il a eu quelques relations : « Veuillez agréer l'expression de mes sentiments respectueux. » S'il y a couleur d'intimité dans leurs rapports : « l'expression de mon dévouement respectueux ou de mon attachement respectueux ». Un homme ne risque jamais rien à témoigner à *la femme* une profonde déférence.

On doit distinguer aussi entre les mots : *assurance* et *expression ; recevoir* et *agréer*. A un supérieur, on n'offre pas l'*assurance*, mais bien l'*expression*, on ne le prie pas de *recevoir*, mais d'*agréer*.

Les lettres à de grands personnages, les pétitions se terminent ainsi :

> Je suis, avec le plus profond respect,
> Monsieur...
> Votre très humble et obéissant serviteur.

Du reste, on trouvera tous ces renseignements au sujet des formules de la fin, en se reportant aux

lettres qui suivent et dont la nature est bien indi-
quée.

## Emploi de la carte de visite dans la correspondance.

Aux pages 155, 156, 179, 180, 301, 308, 309, on trouvera déjà des exemples de l'emploi de la carte de visite dans la correspondance.

Renchérissons sur les modèles offerts.

Invité à une soirée, on peut répondre moins cérémonieusement que pour un dîner. Autrefois, on ne répondait même pas, parce qu'il est d'une moindre importance pour les hôtes d'être fixés sur le nombre des invités qui acceptent d'assister à un bal.

Mais, répondant par un court billet à une invitation à dîner, on se borne, pour une invitation à une fête, à écrire quelques mots sur sa carte, au-dessous de son nom :

Monsieur et Madame X...

« remercient Monsieur et Madame Z... de leur gracieuse invitation (ou « bonne et aimable invitation »). Ils espèrent bien en profiter. Compliments affectueux ».

Ou :

Monsieur et Madame X...

« sont désolés de ne pouvoir profiter de la bonne invitation de Monsieur et de Madame Z.... (Indiquer pour quelle cause). Tous leurs remerciements et leurs regrets d'être privés de ce plaisir. Avec leurs meilleurs compliments ».

On remercie toujours. Toujours on exprime des regrets quand on n'accepte pas.

Le carton qu'on échange entre connaissances, à l'occasion du jour de l'An, peut s'enrichir de quelques mots manuscrits affectueux, sous le nom imprimé.

Monsieur et Madame Y...

« Bonne année, bonne santé, grands succès ».

Monsieur et Madame T...

« Bons souhaits, vives amitiés ».

Rien que cette ligne manuscrite augmentera sûrement la sympathie entre les gens, développera, soyez-en certains, les bons sentiments, enlèvera toute banalité et toute monotonie au petit bout de carton.

On se sert encore de la carte de visite pour remercier les gens qui vivent dans la même ville, d'un envoi de fleurs, d'une brioche bénite, du prêt d'un livre, d'un morceau de musique, etc.

Madame V...

remercie bien vivement Madame N... des belles roses qu'elle vient de recevoir. Sa maison en est toute parée et parfumée. Elle est ravie de cette attention si gracieuse, si aimable.

Madame N...

remercie bien des fois Madame V... d'avoir pensé à elle. La brioche bénite était délicieuse et les enfants y ont fait grand honneur.

Madame M...

retourne au Colonel B... le beau livre qu'il avait bien voulu lui prêter et le remercie du plaisir infini qu'elle a trouvé à la lecture de ces pages superbes.

Madame G...

remercie Mademoiselle M. L... de lui avoir procuré le plaisir de connaître l'air des « Colombes ». Elle lui retourne le morceau avec les plus affectueux compliments.

Mademoiselle B...

sait bien gré à l'heureux chasseur de la faire profiter de son premier coup de fusil. Elle le remercie de ce superbe lièvre et envoie à Madame D... et à lui ses meilleures amitiés.

# Carte-correspondance, carte-lettre, carte postale.

La carte-correspondance, qui est un morceau de carton, long ou carré selon que la mode en ordonne, morceau de carton qui s'insère dans une enveloppe à lui assortie en tant que couleur et format, la carte-correspondance s'emploie quand on n'a que quelques mots à écrire. On trouvera des exemples de l'usage de la carte-correspondance aux pages 316 et suivantes. On l'emploiera pour les courts billets, entre gens du même monde.

Pour cette carte, les gens de goût n'admettent que les nuances crème, bleu pâle, lilas tendre, vert d'eau, gris perle.

La carte-correspondance se timbre comme le papier à lettres; porte, si on veut, l'adresse imprimée de celui qui écrit.

La carte-lettre vendue par l'administration des postes n'est pas élégante. Elle peut être utilisée toutefois (étant très commode) en voyage et avec les fournisseurs. Par exemple, si on est mécontent d'une livraison, d'un travail, on n'écrira pas au marchand, à l'ouvrier *à découvert*, c'est-à-dire sur une carte postale. La carte-lettre qui *se ferme* peut servir dans ce cas.

Les gens pressés en font grand usage : avec cette carte, il n'y a pas à se préoccuper d'une enveloppe, d'un timbre-poste et elle offre le papier, la fermeture tout prêts. On peut la demander dans un bureau de poste, l'y remplir et la jeter immédiatement à la boîte, ce sont là bien des avantages.

La carte-postale est aussi très agréable quand on n'a que quelques lignes à écrire : pour faire une commande, pour demander des échantillons, pour prier un ouvrier de passer chez soi, etc. Même entre parents, entre amis intimes, elle est employée pour les communications très courtes et insignifiantes.

*N. B.* Le « beau monde », les gens superlativement élégants se croiraient perdus dans l'esprit des autres, s'ils profitaient de ces inventions économiques, modernes et pratiques.

Emploi de la carte-lettre et de la carte postale aux pages 316 et suivantes.

## Carte-correspondance imprimée (ou non).

Le duc de R... prie Monsieur L... (nom écrit à la main) de lui faire l'honneur de venir chasser au Coudray, le samedi 11 octobre 18.. (jour et date manuscrits). Déjeuner à onze heures. Réponse S. V. P.

M...

Le capitaine et la baronne de Seillac vous prient de leur faire l'honneur d'assister au bal rose qu'ils donneront le...

La baronne de Seillac restera chez elle mardi soir, 7 septembre, et vous prie de lui faire le plaisir de venir lui demander une tasse de thé.

Le colonel et la baronne de Seillac vous prient de leur faire l'honneur de venir entendre chez eux, lundi soir, 8 octobre, le violoniste Y...

## Le papier à lettres.

Pour une pétition, une demande d'emploi, on se sert de papier dit ministre.

Quand on écrit à des supérieurs, à des personnes étrangères, auxquelles on doit un grand respect, on emploie du papier blanc ou crème, format coquille.

Pour les lettres adressées à des parents, à des amis, à des connaissances, à des étrangers — dans les cas ordinaires, — à des fournisseurs, on peut faire usage de papier fantaisiste, c'est-à-dire à la mode du jour, en tant que format et couleur.

Les nuances azur, perle, mauve pâle, vert Nil sont à peu près les seules adoptées par les gens du monde avec le crème et le blanc. Le papier rose n'est pas en faveur chez les gens de goût.

Toute teinte fatigante pour l'œil du... lecteur doit être rejetée.

Il vaut mieux faire choix d'une seule couleur et s'y tenir.

Le papier ne peut être parfumé que très légèrement, d'une vague senteur d'iris ou de violette, par exemple.

Le papier doit être plié très nettement, selon son format.

On peut faire graver dans le haut de la première page de son papier (dans le coin gauche, à l'angle droit ou au milieu), son monogramme pur et simple ; son monogramme surmonté de la couronne héraldique (quand on en possède une) ; cette couronne seulement ; ses armoiries avec devise et cri de guerre (non pour une femme, le cri) ; un emblème et une devise de fantaisie.

Le papier à lettres, dont on se sert en sa maison des champs et qu'on met à la disposition de ses hôtes, porte généralement le nom du lieu, imprimé élégamment : « Château de Courcelles, par Épinay-sur-Orge, Seine-et-Oise ». C'est infiniment commode pour ceux qui ont de nombreux amis en villégiature,

villégiature très changeante dans la même saison, et qui ne peuvent pas toujours déchiffrer l'adresse manuscrite qu'on leur donne.

Les gens en deuil ne peuvent se servir que de papier blanc bordé de noir. Chiffre, couronne, armoiries sont aussi timbrés en noir. Le papier de deuil n'admet pas l'emblème et la devise, à moins qu'il ne s'agisse d'un emblème sérieux et d'une devise grave.

L'enveloppe est toujours assortie au papier : elle s'adapte au format du papier, elle est de même teinte, elle porte les mêmes chiffres, armoiries, etc.

## L'écriture.

Lord Chesterfield, qui a écrit à son fils des lettres célèbres où il lui donnait des conseils de toutes sortes, lui recommandait de soigner son écriture. « Il est au pouvoir de chacun, lui disait-il, d'avoir l'écriture qu'on veut avoir. En conséquence, on doit en vouloir avoir une bonne. »

J'ajouterai que si, par surcroît, l'écriture est élégante et jolie, cette qualité préviendra en faveur de celui qui écrit.

Mais avant tout, elle sera bonne, c'est-à-dire facile

à lire. L'épistolier le mieux doué perdra beaucoup à la lecture, s'il faut deviner chaque mot tracé, ou l'étudier péniblement.

Enfin, la raison donnée par Grotius pour engager les gens à écrire lisiblement nous paraît la meilleure de toutes : « Une mauvaise écriture, a dit le célèbre Hollandais, est une forme du mépris qu'on a pour autrui, car elle prouve qu'on attache plus de prix à son propre temps qu'à celui des autres. »

Les ratures, les mots barrés, surchargés, une tache d'encre, etc., donnent à une lettre un très vilain aspect. Il vaut mieux vaincre sa paresse et recommencer, à moins d'impossibilité *absolue*.

Il est encore à recommander de se servir de bonne encre, pas trop pâle, pas trop noire, jamais de couleur pourpre. Cette encre ne doit pas être boueuse, cela manquerait d'élégance et compromettrait la netteté de l'écriture.

Il ne faut pas non plus se servir de papier tellement mince que les lignes du verso viennent brouiller celles du recto, ni écrire en travers, par-dessus des lignes écrites dans un autre sens.

On s'efforcera encore d'écrire droit, ni en montant, ni en descendant.

Les nombres, les dates et les noms propres doivent être écrits avec un soin spécial. On peut deviner le mot qui précède par celui qui suit, et *vice versa*;

il n'en est pas de même pour les noms propres, ni pour les chiffres.

Il est moins insignifiant qu'on ne pense de mettre les points sur les *i*, de barrer les *t*, et de ne pas tracer les *g* comme des *y* ou les *y* comme des *g*.

## L'adresse. Dans la lettre et sur la lettre.

Donnez votre adresse au haut de la lettre, c'est plus commode pour celui qui doit vous répondre.

A moins d'écrire à des parents, à des amis très intimes, répétez cette adresse dans chacune de vos lettres, pour épargner à votre correspondant la peine de la rechercher dans les lettres précédentes, ce qui serait une fatigue, un ennui, une dépense de temps. Cela est à la fois très poli et très modeste. Très modeste, car on semble dire : je ne me crois pas un personnage assez important pour penser que vous puissiez garder mes lettres précédentes, ou inscrire mon adresse, ou vous la rappeler.

J'engage cependant chacun à consacrer un petit registre à l'inscription des adresses de toutes les personnes avec lesquelles on se mettra en rapports épistolaires, même fugitifs.

Nous donnerons, au lieu de longues explications, des modèles de l'adresse telle qu'on l'inscrit aujourd'hui sur les lettres en recommandant vivement de bien orthographier le nom des gens à qui on écrit. Il est très impoli de pas prendre ce soin.


Monsieur le docteur PELLETIER

*SAVIGNY-EN-SEPTAINE*

(*Cher*)


Le Colonel et Madame HUOT

10, *rue de Turenne*

*PARIS*


Comte et Comtesse de NOLLES

Gernelle

*Par Mézières*

(Ardennes)


Entre gens qui sont en relations mondaines, devant les titres nobiliaires on supprime le mot *Monsieur* ou *Madame*.

Madame Émile CAMPION

   Morsang-sur-Orge

 *Par Savigny*

    (Seine-et-Oise)


Monsieur TUDORE

   Château de Grigny

 *Par Ris-Orangis*

    (Seine-et-Oise)


Madame la duchesse d'UZÈS

  *En son hôtel*

 *avenue des...*

    **PARIS**


Autrefois, par excès de politesse, on répétait deux fois le mot Monsieur; Madame ou Mademoiselle devant le nom. Cela équivalait au formulaire latin *Dominus, Dominus,* qui indiquait la supériorité d'un seigneur féodal sur de simples feudataires.

C'était une façon d'humilité, comme celle qui fait encore écrire au bas d'une lettre : « Votre très obéissant serviteur. »

## La date.

Elle doit être placée dans le haut de la lettre, sous l'adresse. A moins qu'il ne s'agisse d'un billet insignifiant... et encore! il faut la donner bien exacte et bien complète.

« Le 2 février 1894. »

Il y a des correspondants exigeants qui réclament même le jour de la semaine, afin, disent-ils, que « si l'on parle d' « hier », on sache immédiatement de quel jour il s'agit. »

Quelques mondains ont encore imaginé de décider qu'une lettre doit se dater au commencement et un billet à la fin. Ou que telle circonstance exige la date au début, telle autre après la signature.

Ces distinctions sont ridicules, une seule règle doit être adoptée : la date en commençant la lettre, cela sans omission possible.

## La signature.

Pas de parafe compliqué. Les femmes font même bien de n'en pas ajouter du tout à leur nom.

En général, une femme ne signe que de l'initiale

de son prénom, suivie du nom de son père ou de son mari, quand elle écrit à des étrangers et même à des amis masculins.

Le prénom d'une femme, d'une jeune femme surtout, ne peut être livré à tout le monde.

Les hommes signent comme il leur plaît, selon les gens à qui ils écrivent. La petite distinction que nous venons de faire plus haut ne leur est pas applicable.

Les femmes titrées ne signent pas toutes de la même façon. La duchesse d'Uzès, qui est une Mortemart, signe : M. D<sup>esse</sup> d'Uzès.

La très spirituelle Gyp, qui est la comtesse de Martel et qui est née Mirabeau, signe : Mirabeau-Martel. La comtesse de Cambacérès, fille aînée du maréchal Davout, prince d'Eckmühl, signait : L. Davout, C<sup>tesse</sup> de Cambacérès. Sa sœur cadette, la marquise de Blocqueville, avait adopté L. d'Eckmülh, M<sup>ise</sup> de Blocqueville. (La première portait le prénom de Léonie, la seconde celui de Louise.)


## Fermeture dés lettres.


Au temps de la chevalerie, on scellait les « missives » écrites sur « parchemin ambré, odorant de verveine », au moyen de cordons de soie rouge, retenus sous un cachet de cire de cette même couleur qui signifie feu, sang, courage.

La belle Gabrielle croisait ses « messages » à Henri IV — messages sur papier de toile exhalant le parfum de l'iris ou de la fleur d'oranger — d'un large ruban bleu, vert ou rose, selon les circonstances, et en maintenait les bouts sous un large cachet de cire à ses armes.

Le dix-huitième siècle connut le pain à cacheter, mais les gens qui se piquaient d'élégance n'en firent jamais usage.

Vers la moitié de ce siècle ce pain à cacheter, grossièrement colorié se changea en une gentille lentille gommée de couleurs diverses, pour exprimer des sentiments divers. Mais les gens raffinés dédaignèrent aussi ce genre de fermeture des lettres. Ils restèrent fidèles à la cire.

Enfin parut l'enveloppe gommée si commode pour une époque pressée et écrivassière comme est la nôtre. Mais le beau monde résista, résiste encore. Il continue à sceller ses lettres d'un cachet de cire, par-dessus la fermeture gommée et en outre des signes gravés sur l'enveloppe comme sur le papier.

Quelques personnes vont encore plus loin. Elles font porter à la première page de leur papier à lettres ce même cachet de cire dont elles scellent

2.

l'enveloppe. Il faut avoir, en vérité, beaucoup de temps à dépenser... en pure perte, il me semble. ∗

On fera bien de se conformer à l'usage du cachet de cire, en fermeture de lettre, si on veut être classé parmi les gens élégants. Toutefois on pourra se dispenser de cette superfétation, quand on écrira à des parents et des amis, dont on n'aura pas à redouter les critiques dédaigneuses pour une infraction à une coutume qui paraît d'autant plus gothique au temps de la vapeur et de l'électricité.

On a encore imaginé d'autres chinoiseries : la différenciation des couleurs de la cire selon les circonstances de la vie : rose pour une invitation à un bal, blanc pour lettre de félicitations, mordorée pour demande ou envoi de renseignements, etc., etc. Et ce n'est pas du Céleste Empire, comme je semblais le dire, que nous vient cette inutile... et absurde complication, mais d'Amérique où l'on prétend être si pratique.

Il n'y a que deux nuances (c'est le mot vraiment) à observer : Les pétitions, les lettres officielles ou très cérémonieuses doivent être cachetées en cire rouge. Le deuil exige la cire noire, cela va de soi. En toutes autres circonstances on se choisit une couleur de bon goût, qui s'assortisse à celle du papier. — Gyp emploie du papier bleu pâle et scelle ses enveloppes de cire crème, c'est fort joli.

Autrefois, fût-on en grand deuil de père, qui était alors le plus long et le plus austère de tous, on ne pouvait faire usage de cire noire en écrivant à de grands personnages. Le respect servile qu'on exigeait des inférieurs (inférieurs au point de vue social) ne permettait pas à ceux-ci de témoigner de leur douleur par aucun signe en présence de ces demi-dieux, dont on aurait troublé la sérénité en leur rappelant la mort, devant laquelle tous les hommes sont égaux.

Nous ne quitterons pas le sujet sans dire qu'il est très important de bien clore sa lettre, pour le correspondant, si ce n'est pour soi.

Celui à qui on écrit pourrait trouver ennuyeux de recevoir une lettre à demi ouverte.

### La devise.

La devise se compose d'un objet matériel, corps, — et d'une légende, âme. Corps et âme doivent avoir entre eux d'intimes rapports. Le corps d'une devise ne peut représenter un objet désagréable à la vue et cet objet doit être du genre féminin si la devise est destinée à une femme, du genre masculin si elle appartient à un homme. « La légende (âme) doit être légèrement destournée, sans aucun subterfuge et par un élégant soubs-entendu », écrit Gille Ménage.

Henri Estienne professe que « l'asme de la deuise doibt touts jours estre assez modeste pour que célluy quy l'arborre en puysse faire appliquation sur luy-mesme et qu'il en puysse avoir faict composition sans oultrecuidance ou uanité malséyante ». Cette âme ou légende doit être courte (concise même); elle devrait n'avoir que huit syllabes. Exemples de devises : *Des feuilles lancéolées* (corps), et « Nul ne s'y frotte » (âme). *Une plume croisant une marguerite*, et « L'une défend l'autre ». Il faut expliquer que cette devise est à l'usage d'une femme de lettres qui se nomme Marguerite.

Une veuve a pris pour devise *une racine de réglisse* et « Ma douceur est sous terre ». Il faut que cette racine soit joliment bien dessinée pour que la devise soit, du coup, compréhensible.

Nous ne nous occuperons pas de la légende ès armes ni du cri de guerre formés d'après les armoiries. C'est, en général, du ressort de la science héraldique.

## Le crest.

Le titre de chevalier, — qui n'est plus guère usité aujourd'hui que pour désigner les membres d'un ordre militaire, — degré le plus infime de la noblesse, appartenait à ceux qui étaient dits gentilshommes et possédaient des armoiries. Au lieu d'une couronne héraldique, ils formaient leur *crest* d'un cimier, partie supérieure du casque, ou du casque entier.

Les descendants des chevaliers font encore usage du casque en guise de cachet. Mais ce *crest*, comme tous les autres emblèmes militaires, ne saurait convenir à une femme. Cependant elle se servira d'un cachet gravé aux armes de son mari, armes auxquelles elle peut accoler celles de sa propre famille, ce blason fût-il surmonté du casque. C'est le casque *isolé* de toutes les pièces de ses armoiries, qu'elle ne peut prendre, par raison de bon goût.

Toutefois une femme fera fort bien graver sur son cachet ou sur son papier le tortil des barons, la couronne perlée des comtes, la couronne à feuilles d'ache des marquis, la couronne fleuronnée des ducs, la couronne fermée des princes.

## Langage du timbre-poste. Sa place.

Les amoureux avaient inventé le langage des
fleurs, le langage des éventails (dans les Espagnes,
pays des duègnes et des tuteurs jaloux), le langage
des gants, le langage des... yeux. Ils y ont ajouté le
langage du timbre-poste. Singulière idée, véritable
superfétation. La lettre ne parle-t-elle pas suffisamment, plus abondamment, mieux que cette petite
image collée sur un coin de l'enveloppe?

Il est vrai qu'on a raconté ainsi l'origine de ce
nouveau langage : Un bachelor aimait une fillette
sévèrement gardée et ne pouvait lui parler à son
aise. Mais il était en correspondance avec le père.
Un jour où, par un grand hasard, les amoureux
purent causer pendant cinq minutes sans témoin, le
jeune homme fit part à la jeune fille d'un moyen
qu'il avait trouvé de lui exprimer ses sentiments et
ses pensées sans éveiller l'attention de ceux sous
l'autorité desquels elle vivait.

« Recueillez bien, lui dit-il, les enveloppes des lettres que j'adresse à votre père. Quand le timbre sera
collé à droite, c'est que j'aurai le cœur joyeux et
tranquille; à gauche, c'est que vous m'aurez donné
quelque sujet de jalousie ou d'inquiétude. Au milieu
de l'enveloppe, je vous annoncerai ma visite pro-

chaine ; voilà pour le haut de la suscription. Dans le bas à gauche, je dirai : je suis retenu par la souffrance ; à droite, je vous croiserai sur le chemin de l'église ; au milieu, je vous adore toujours plus. Tàchez d'affranchir vous-même les réponses et disposez aussi les timbres selon notre langage convenu. »

La fillette ajouta : « Le jour où nous cesserons de nous aimer, nous collerons le timbre au dos de l'enveloppe, n'importe où. » Et un jour, hélas ! il occupa cette place après avoir si longtemps brillé là où il signifiait : « je vous adore ».

Nous laisserons ces badinages aux enfants. Nous les engagerons même à les abandonner.

Au sujet du timbre-poste, il n'est que deux choses à recommander : placez-le à l'angle droit de la lettre et d'une façon correcte. Donnez-lui toujours la valeur qu'exige le poids de la lettre, ou le genre de correspondance, ou la taxe du pays vers lequel vous envoyez l'objet.

Il faut savoir aussi que lorsqu'on demande un renseignement à une personne étrangère (qui ne fait pas partie de notre cercle de relations), on doit insérer un timbre-poste dans sa lettre pour la réponse.

# LA CORRESPONDANCE

Laurence de Brives à la comtesse de Sergines.

La Chênaie, Noël, 18  .

*Ma chère grand'mère,*

Je te souhaite une bonne année et une bonne santé. Je souhaite aussi que tu viennes bientôt nous voir. Papa, maman, Roger et moi, nous serions tous bien contents de t'embrasser pour de bon, pas sur le papier, comme depuis trois mois.

J'ai bien des choses à te raconter et bien des choses nouvelles à te montrer. D'abord, nous avons un beau grand chien danois, qui est très doux, qui joue avec moi, qu'on appelle Méo. Et puis un âne tout jeune, qui traînera la petite charrette l'été prochain. Enfin des pigeons qui sont les plus beaux du monde.

Tu verras aussi que j'ai beaucoup travaillé. Je couds tous les jours et la poupée que tu m'as donnée au mois d'octobre a un très beau trousseau.

Au cours, j'ai été trois ou quatre fois première, en histoire, en géographie et en orthographe. Maman était joliment heureuse et papa aussi. Mais je suis bien contente d'être en vacances, à la Chênaie surtout. Si tu savais comme notre neige est jolie et comme les sapins sont bien plus beaux dans tout ce blanc-là.

Roger est arrivé hier; il ne rêve que de patinage. Il prétend que je suis toujours *un bébé.* Mais non, n'est-ce pas? puisque j'ai neuf ans depuis deux jours.

Je te remercie bien des fois, ma bonne grand'mère, de l'argent que tu m'as envoyé. Mais tu sais, les gâteaux m'ont encore fait plus de plaisir et toutes les gentilles petites choses que tu avais mises pour moi dans la caisse. Comme tu me gâtes, ma chère grand'mère. Mais va, je t'aime bien. Papa, maman, Roger aussi t'aiment de tout leur cœur.

Je t'embrasse bien fort, à grands bras.

Ta petite-fille respectueuse,

LAURENCE.

*P.-S.* — Bonjour à ma vieille Germaine. Ses gâteaux sont bien bons.

### La comtesse de Sergines à Laurence de Brives.

Tours, le 26 décembre 18  .

*Ma bonne petite chérie,*

J'ai lu et relu avec un grand plaisir ta chère, ta gentille petite lettre. Comme il me tarde aussi d'aller t'embrasser, d'aller vous embrasser tous. Mais il me faut guérir une vilaine névralgie, tes bons souhaits m'y aideront certainement.

Je suis contente que tu aies à la Chênaie beaucoup de sujets d'amusement. Je vois avec plaisir que tu aimes les bêtes, et je suis bien aise aussi que tu sois travailleuse et que tu deviennes savante. Quand j'étais petite comme toi, on n'étudiait pas tant de choses. Mais, vois-tu, les petites filles d'alors, vieilles femmes comme ta grand'mère aujourd'hui, voudraient bien en avoir appris davantage. Plus on sait, plus on a de satisfaction. Tu comprendras cela plus tard, et cela te dédommagera d'avoir beaucoup étudié.

L'important surtout, ce que je te souhaite avec une bonne santé et toutes les joies de ton âge, c'est que tu restes une bonne fille, bien aimante et bien franche. Si tu aimes beaucoup ton père, ta mère, Roger et ta pauvre grand'mère, si tu as horreur du mensonge, tu seras déjà presque parfaite.

A bientôt, ma chère fillette. Je te porterai d'autres jolies choses et des gâteaux de la vieille Germaine, puisque tu les préfères à l'argent... ce qui m'a fait bien plaisir.

Je t'embrasse mille fois et encore mille fois.

Ta grand'mère qui t'aime tendrement,

LOUVERT-SERGINES.

Germaine t'embrasse.


**Roger de Brives à la comtesse de Sergines.**

La Chênaie, 25 décembre, 18 .

*Ma chère grand'mère,*

Les filles sont si bavardes que Laurence ne m'a rien laissé du tout à te dire.

Mais je te souhaite de tout mon cœur une bonne année et une bonne santé. Je te remercie des belles étrennes que tu m'as envoyées et qui vont me servir à acheter une foule de choses qui me manquaient vraiment.

On nous a accordé quinze jours de vacances pour nous remettre de l'influenza que nous avons eue presque tous. Je voudrais bien te voir à la Chênaie pendant que j'y serai. Laurence a de la chance, elle est toujours là à chacun de tes voyages. Je t'en prie, chère grand'mère, tâche d'arriver ces jours-ci.

Je te quitte pour aller patiner sur l'étang. La glace est très épaisse. Maman a voulu que papa s'assure de sa solidité.

A bientôt, dis, chère grand'mère? Je t'embrasse mille fois.

Ton Roger respectueux qui t'aime.

*P.-S.* — Bien des choses à Germaine.

**La comtesse de Sergines à Roger de Brives.**

Tours, le 26 décembre 18  .

*Mon grand chéri,*

Merci pour ta petite lettre et tes bons souhaits. Je désire beaucoup te voir, tu le penses bien, aussi je me soigne pour pouvoir partir bientôt.

C'est vrai que tu es moins bavard que Laurence, mon cher garçon, mais ne serait-ce pas parce que tu n'aimes guère à écrire, quand la glace est épaisse sur l'étang. Ce n'est pas un reproche, mon Roger ; je sais que les collégiens aiment tous à profiter de leurs vacances pour s'amuser au dehors. On n'élève pas

les *hommes* comme « les filles », d'ailleurs — et c'est
ce qui fait, vois-tu, que ta sœur reste toujours à
la maison et s'y trouve quand vient grand'mère.

On m'a offert un bel angora et, comme je sais que
tu aimes les chats, je l'ai accepté pour toi. Il est trop
petit pour que je l'emporte à la Chênaie cette fois-ci.
Tu le trouveras à Paris aux vacances de Pâques.

Tu ne me racontes pas grand'chose de toi, mais ta
mère m'écrit que tu travailles, que tu es toujours
bon garçon et bon camarade. Je te souhaite de garder
ces qualités avec une bonne santé. Beaucoup de succès à Henri IV, en outre, et que ton père et ta mère
soient toujours contents de leur fils.

Je t'embrasse bien tendrement, mon petit Roger.

Ta grand'mère qui t'aime beaucoup,

LOUVERT-SERGINES.

**Laurence de Brives à Madame Durand.**

La Chênaie, 1er août, 18 .

*Ma bonne nourrice,*

Papa, maman et ta fille te demandent de venir
passer quelques jours avec eux. C'est la fête du pays

dimanche prochain, elle ne serait pas belle pour moi sans toi. Amène ma sœur Julienne. Tu nous feras des gaufrettes, nous monterons sur les chevaux de bois. Et puis nous irons en bateau sur l'Yvette, nous nous amuserons bien.

Tu viendras, n'est-ce pas? ma chère nounou. Je t'embrasse de tout mon cœur ainsi que Julienne. Bien des choses à ton mari et à tes autres enfants. Papa et maman vous envoient mille compliments à tous et glissent dans ma lettre ce petit bon de poste pour le voyage.

Ta fille qui t'aime,

LAURENCE.

### Madame Durand à Laurence de Brives.

Leudeville, 3 août 18 .

*Chère fille de lait,*

Je suis toujours si contente de te voir et de voir les bons parents, que je n'ai garde de refuser votre invitation. J'emmènerai Julienne, avec qui je parle de toi sans cesse. Nous passerons trois bonnes journées à la Chênaie, où je me retrouve toujours avec plaisir.

Mille baisers de ta mère nourrice et de ta sœur de lait. Pierre et nos autres enfants te disent bien des choses. Mes respects à Monsieur et à Madame, avec bien des remerciements pour le bon de poste.

GENEVIÈVE DURAND.

**Laurence de Brives à Miss Bleak, professeur d'anglais.**

Paris, 10, avenue de l'Alma, 22 avril 18 .

*Dear Miss Bleak,*

Maman désire m'emmener cette semaine chez grand'mère qui va mieux. Nous allons tous à Tours pour fêter une convalescence qui nous rend si heureux.

Je vous prie de vouloir bien me donner congé jeudi 24. Maman vous le demande avec moi.

Je ferai mes devoirs d'anglais chez grand'mère, j'étudierai bien, pour que vous soyez contente de moi lundi prochain.

Maman vous envoie un bon souvenir et moi, je vous embrasse de tout mon cœur, *dear Miss Bleak.*

Votre respectueuse élève,

LAURENCE DE BRIVES.

### Miss Bleak à Laurence de Brives.

Paris, 12, avenue Duquesne, 23 avril 18 .

Allez voir votre bonne grand'mère, *my darling*, je suis trop heureuse que les inquiétudes de votre chère maman soient dissipées. Je vous donne congé avec un grand plaisir, puisque vous allez célébrer le retour de Madame de Sergines à la santé.

Je suis très contente de la promesse que vous me faites de bien travailler. Je voudrais vous voir déjà écrire en anglais les lettres que vous m'adressez, et assez forte aussi pour comprendre les réponses que je vous ferais dans ma langue.

En attendant, je vous embrasse et vous aime comme une bonne petite élève que vous êtes.

Mes meilleurs compliments à Madame de Brives.

MAUD BLEAK.

### Madame de Brives à M. Clément, professeur de piano.

Paris, 10, avenue de l'Alma, le 22 mai 18 .

*Monsieur,*

Ma chère fillette est bien souffrante. Le médecin, qui ne peut encore se prononcer, recommande un repos absolu pendant toute la semaine.

3.

Elle ne pourra donc pas prendre sa leçon après-demain et j'ai voulu vous prévenir dès aujourd'hui, afin que vous puissiez disposer de l'heure que vous lui auriez consacrée.

J'espère que cette interruption de vos bonnes leçons sera courte et je vous prie, Monsieur, de recevoir l'expression de nos sentiments les meilleurs.

SERGINES-BRIVES.

*P.-S.* — Dès que ma petite fille pourra travailler, je vous enverrai un petit mot.

**Laurence de Brives à Henri de Sergines.**

Chalet du Sentier, Villers-sur-Mer (Calvados).

Saint-Henri, 18 .

Bonne fête, cher oncle Henri, bonne, joyeuse et heureuse fête.

Nous irons tout à l'heure, maman et moi, prier ton patron à l'église, pour qu'il te protège.

Viendras-tu ce mois-ci à Villers ou attendras-tu les vacances de Roger? Comme papa s'absente assez souvent, maman serait bien plus tranquille si tu venais tout de suite pour nous garder. Tu sais, nous sommes deux peureuses.

Tu passerais tout de même le mois d'août avec nous. Quel plaisir quand tu es là ! Tu es si gentil, tu sais si bien nous distraire, tu connais tant de choses amusantes !

Il y a beaucoup de monde à Villers, maman dit que ça te plaira.

Au revoir, cher oncle Henri. Maman et moi nous t'embrassons comme nous t'aimons... joliment, va.

Ta nièce,

LAURENCE.

**Henri de Sergines à Laurence de Brives.**

Paris, le 16 juillet 18 .

Merci, ma chère mignonne, pour cette gentille lettre de Saint-Henri que tu m'as écrite.

Je ne puis partir tout de suite pour Villers, mais ton père, que j'ai vu tout à l'heure, retourne près de vous demain et ne vous quittera plus. C'est moi qui amènerai Roger. Donc à bientôt.

J'apporterai un jeu très amusant, et il faudra que ton frère et toi vous deveniez rapidement aussi forts que le professeur. Je ne dis rien de plus pour vous laisser la surprise.

Je vous promets aussi de belles pêches, et je louerai un bateau pour vous promener. J'espère que tu ne seras plus aussi poltronne que l'an dernier.

Je t'embrasse bien des fois, ma petite Laurence. Embrasse ta mère pour moi.

Ton oncle qui t'aime... joliment aussi, va.

HENRI.

## Laurence de Brives à Roger de Brives.

La Chênaie, 16 juillet 18  .

*Mon cher petit Roger,*

Encore dix jours à t'attendre, cela me paraît très long. Tu dois être aussi bien impatient d'arriver.

Si tu savais comme c'est joli ici! tout est vert, tout est frais, on respire enfin. Tu dois avoir chaud à Paris!

Il y a des fruits en masse, maman s'est mise à faire des confitures tout de suite.

Nous avons reçu ce matin une lettre de papa qui

annonce oncle Henri avec lui et toi. Nous allons bien courir et bien nous amuser.

L'âne a beaucoup grandi et grossi; je ne le reconnaissais pas. Mais lui n'avait pas oublié sa maîtresse, ni les morceaux de sucre. Je suis sûre qu'il sera content de te revoir.

Ma nourrice et Julienne viendront pour la fête; nous ferons avec elles une partie dans la forêt.

A bientôt, mon cher petit Roger, j'espère que tu auras de beaux prix. J'en serai bien contente et bien fière.

Maman ne peut pas t'écrire aujourd'hui. Elle t'embrasse bien des fois et te recommande de ne rien oublier de tes petites affaires.

Ta petite sœur qui t'aime,

LAURENCE.

**Roger de Brives à Laurence de Brives.**

Paris, 18 juillet 18 .

*Ma chère petite Laurence,*

Je veux tout de suite répondre à ton aimable petite lettre; demain, je n'aurais plus le temps d'écrire.

Je suis très flatté que l'âne me réserve un bon

accueil. Petite folle ! souhaite-lui le bonjour de ma
part, et donne-lui deux morceaux de sucre pour moi,
quoique je ne partage pas ton enthousiasme délirant
pour ce quadrupède. (Tu sauras que ce mot désigne
des bêtes à quatre pieds.) J'aime mieux le cheval,
c'est un quadrupède aussi, mais il a un bien autre
galbe (comme dit mon ami Maurice Trèves), que
ton âne si gros qu'il soit.

Et puis, sur un âne, on n'a vraiment pas aussi bon
air que sur le dos d'un cheval. Tu en jugeras pendant les vacances, quand je ferai admirer à maman
et à toi mes talents d'écuyer.

Je serai très content de voir Julienne, qui est une
bonne fille pas peureuse. Et l'oncle Henri me promet
toutes sortes de divertissements à la Chênaie. Mes
camarades l'appellent le roi des oncles : chaque fois
qu'il vient me voir, nous faisons ensuite un gala
splendide... je ne dis pas épatant, puisque maman
n'aime pas ce mot.

J'espère qu'on fera encore des confitures pendant
mes vacances. J'aime toujours beaucoup l'écume.

Embrasse bien maman pour moi. Je n'oublierai
rien. J'ai vu papa hier. Il arrivera à la Chênaie ce
soir. Tu seras bien contente, poltronne.

Je t'embrasse mille fois, ma chère Laurence.

Ton frère,

ROGER.

### Roger de Brives à Madame de Brives.

Paris, le 19 juillet 18  .

*Ma chère maman,*

Je te souhaite une bonne fête. Je regrette bien que la Sainte-Marguerite ne tombe pas pendant les vacances, j'aurais tiré ce jour-là un beau feu d'artifice en ton honneur.

Ne crains rien, je me porte bien quoiqu'on bûche ferme. Mais je serai bien content d'aller en vacances pour me reposer et me promener.

Oncle Henri est venu me voir hier. Il m'a apporté tant de gâteaux que j'ai pu faire goûter toute la classe. C'était un vrai festin.

Laurence doit m'attendre avec impatience pour aller à la pêche.

Veux-tu bien dire à papa que je suis premier en composition latine. La nouvelle est pour toi aussi.

Adieu, ma chère maman, je t'embrasse de tout mon cœur et une fois de plus, puisque c'est ta fête. Embrasse pour moi papa et Laurence.

Ton fils respectueux qui t'aime,

ROGER.

### Madame de Brives à Roger de Brives.

Chalet des Alcyons, Cabourg (Calvados).

21 juillet 18  .

*Mon fils chéri,*

Je suis bien touchée que tu n'aies pas oublié le jour de ma fête. On tirera un feu d'artifice aux vacances, pour le plaisir de tout le monde, papa l'a promis en lisant ta lettre.

J'ai bien regretté que la santé de Berthe (1) nous ait forcés à partir avant les vacances, puisque cela me prive de voir mon cher garçon chaque jour. Mais je suis heureuse que tu supportes courageusement notre absence.

N'oublie pas toutes les recommandations que ton père t'a faites. Suis bien ses conseils. Moi, j'insiste encore sur les grands soins de propreté. Les collégiens ne se servent guère des ustensiles de toilette dont ils sont pourvus et ils économisent l'eau plus que l'encre. Ne va pas, mon petit Roger, perdre tes bonnes habitudes.

Laurence sera, en effet, bien contente de retrouver son compagnon de jeux. Elle est toujours bonne et travailleuse, désireuse de nous satisfaire. Elle parle toute la journée de son frère.

(1) La femme de chambre.

Tu as très bien fait de partager avec tes camarades les gâteaux de l'oncle Henri.

Papa te permet d'amener le pauvre petit Raoul Trouvé qui n'a plus de mère et dont le père est si loin. On le reconduira à Paris, quand sa tante y sera de retour. Nous tâcherons de distraire beaucoup le pauvre enfant. Je suis tout émue, tout attendrie de le voir toujours pleurer sa chère maman. Tu as eu une bonne pensée, mon fils, en demandant à ton père de recevoir ce pauvre petit pendant une quinzaine de jours. Quelle tristesse de plus, s'il lui avait fallu attendre tout seul à Henri IV l'arrivée de sa tante.

Au revoir, mon cher garçon, nous comptons les jours qui nous séparent des vacances. Papa est très content de toi et je partage sa satisfaction. Je t'embrasse avec une vive tendresse. Papa et Laurence t'embrassent bien des fois.

Ta mère qui t'aime bien,

SERGINES-BRIVES.

### M. de Brives au Proviseur du lycée Henri IV.

Cabourg (Calvados), le 21 juillet 18 ..

*Monsieur le Proviseur,*

Mon fils nous a beaucoup parlé d'un aimable petit camarade, Raoul Trouvé, qui vient de perdre sa mère et dont le père et tous les parents sont loin de Paris pour l'instant.

Nous voudrions, ma femme et moi, que cet enfant nous fût confié jusqu'à l'arrivée à Paris de sa tante et correspondante. Mon beau-frère nous l'amènerait avec mon fils. Ce serait faire un grand plaisir à ce dernier et nous consolerions de notre mieux le petit orphelin.

J'espère que vous pourrez faire droit à notre requête, et je profite de cette occasion pour vous remercier des bons soins que mon fils reçoit à Henri IV.

Veuillez recevoir, Monsieur le Proviseur, l'expression de mes sentiments dévoués et les plus distingués.

M. DE BRIVES.

### Laurence de Brives à la duchesse de Sauvert.

Paris, 10, avenue de l'Alma, le 10 avril 18  .

*Madame et chère marraine,*

Je suis admise à faire ma première communion le 25 avril.

Maman et M. l'abbé disent que ce sera le jour le plus heureux de ma vie d'enfant, et que tous ceux qui m'aiment m'entoureront pour me donner toutes les joies.

Alors, j'espère que vous serez auprès de moi, Madame et bien-aimée marraine, car vous avez toujours été très bonne pour cette filleule qui serait si contente de vous voir.

Papa et maman vous demandent avec moi de nous faire cette grâce. Dites oui, je vous en prie de toutes mes forces.

L'autre jour, mon parrain, qui passait par Paris, m'a bien promis de revenir pour le 25.

Papa vous offre ses hommages. Maman et moi, nous vous embrassons bien, Madame et chère marraine.

Votre filleule respectueuse qui vous aime,

LAURENCE DE BRIVES.

### La duchesse de Sauvert à Laurence de Brives.

Haut-du-Cœur, le 12 avril 18  .

*Ma chère filleule,*

Comme te voilà déjà grande ! Si tu as envie de me voir, je ne serai pas moins heureuse de t'embrasser sous ton voile de communiante.

Dis à ton père et à ta mère qu'ils peuvent compter sur moi. J'arriverai à Paris la veille de la cérémonie, mais je ne te verrai pas ce soir-là pour ne pas te troubler par ma présence. Je viendrai seulement vous prendre pour la messe.

Je t'apporterai ton paroissien blanc, un chapelet, des médailles de la Vierge et de notre patronne — et une montre pour le lendemain du grand jour, les bijoux ne convenant pas à une communiante.

Je suis, d'ailleurs, bien certaine que ta mère a trop de goût et de vraie piété pour organiser une exposition des présents qu'on t'aura faits à cette occasion ; triste mode, vraiment, car les enfants doivent penser à toute autre chose qu'à ces vanités, en ce grand jour de leur vie.

A bientôt, chère petite Laurence. Sois bien sage et bien pieuse. Je t'embrasse de tout mon cœur. Embrasse pour moi ta mère et ton frère. Bons souvenirs de ma part à ton père.

Ta marraine très affectionnée,

N. D<sup>esse</sup> DE SAUVERT.

### Roger de Brives à M. de Sauterne.

Paris, le 5 avril 18

*Mon cher parrain,*

Papa dit que c'est à moi que revient le plaisir de t'inviter à ma première communion.

J'espère donc, mon cher parrain, que tu voudras bien faire le voyage de Paris pour te joindre à nous le 20 avril, jour de la cérémonie.

Je suis bien sûr que tu ne me feras pas le chagrin de me refuser ta présence.

Nous t'attendons. Et tous nous t'embrassons avec une grande affection, mon cher parrain.

Ton neveu (1) et filleul,

ROGER DE BRIVES.

(1) Le cousin germain de notre père est notre oncle à la mode de Bretagne.

## M. de Sauterne à Roger de Brives.

Rennes, le 7 avril 18  .

*Mon cher Roger,*

Je suis trop heureux de cette belle occasion d'aller vous voir tous, pour ne pas accepter — comme c'est, du reste, mon devoir — la pressante invitation que tu m'adresses.

Mais, mon cher *boy*, te voilà un homme! Le temps a passé rudement vite. Je pense que je vais te trouver aussi grand que moi.

J'ai idée de t'offrir, en souvenir de ta première communion, une gentille carabine pour t'exercer au tir avec ton père. Tu me diras à Paris si cela répond à tes goûts.

Au revoir, mon cher filleul. Je t'embrasse. Tu serreras pour moi la main de ton père. Tu baiseras de ma part le bout des doigts de ta mère et de ta sœur.

Ton oncle et parrain,

RENÉ DE SAUTERNE.

## Laurence de Brives à Mademoiselle Lucy du Haut-Mont.

Villa Marie à Bagnoles-de-l'Orne.

2 juillet 18  .

*Chère Lucy,*

J'aimerais bien mieux t'avoir auprès de moi, causer avec toi, que de t'écrire. Ce serait si agréable, si amusant de courir toutes deux ce joli pays dont j'ai peur de te faire une description pâle et inexacte.

C'est, vois-tu, un coin exquis de la Normandie, ce Bagnoles où l'on vient retrouver la santé. L'eau bienfaisante qu'on boit à l'une des sources a déjà rendu la vigueur à ma chère maman, que tu as vue partir si pâle, si anémiée, si fatiguée.

Oncle Henri est aussi presque guéri de sa phlébite. Au départ, il ne lui restera plus trace de ce mal qui le clouait sur un fauteuil, lui si vif! si actif! si sportsman !

Nous remarquons aussi que les bains de la source thermale ont encore un autre et très merveilleux avantage : la peau gagne à ces ablutions une souplesse, une onctuosité qui lui donnent l'apparence du velours, à l'œil et au toucher. Quel admirable cosmétique ! (Papa dit que la nature nous fournit toujours les meilleures choses.) C'est le premier et je crois le seul que j'aurai employé pour le visage ; vraiment, les résultats sont étonnants.

Je trouve encore — et je ne suis pas la seule — que la démarche est ici plus aisée et plus légère. Cela est dû, assure-t-on, à cet air d'une singulière et enivrante pureté qu'on respire à Bagnoles et aux environs. Les attaches à la terre y paraissent moins lourdes et toutes les femmes ressemblent à des déesses marchant sur les nues.

Et ces grands mérites ne sont pas les seuls que possède la jolie ville d'eaux. Elle a encore un autre charme très particulier, qu'elle doit à sa vallée étroite, à ses forêts épaisses, à ses gorges sauvages, à ses légendes, à ses poétiques souvenirs. La Marguerite des Marguerites, sœur de François I<sup>er</sup>, duchesse d'Alençon a principalement distingué et aimé dans son duché, ce Bagnoles où nous sommes. Les habitants n'ont pas encore oublié cette prédilection de la reine de Navarre, ils en sont toujours fiers. Aussi, à chaque détour des chemins, croyez-vous voir apparaître l'ombre de cette princesse charmante : c'est l' « allée de la Reine », la « fontaine de la Reine », le « rocher de la Reine », etc., etc., qui la rappellent sans cesse au souvenir des descendants de ceux qui l'ont vue passer dans cette campagne souriante... souriante ai-je dit, mais parfois sévère.

On raconte qu'elle parlait des sources guérisseuses et des charmants paysages avec tant d'enthousiasme qu'elle entraînait à sa suite et la cour et la ville. Son poète Clément Marot célébrait, du reste, en vers les beautés du pays où de nombreux châteaux commencèrent alors à s'élever. Déjà anciens, comme tu vois, ils ont tout à fait grand air et sont très bien conservés, pourtant.

Je n'ai pas lu les *Contes de la Reine*, papa dit qu'on n'ouvre pas ce volume avant l'âge de quarante ans. Mais il paraît que c'est ici, sous les arbres de la forêt d'Andaine, aux bords de la Vée et dans une allée particulièrement aimée, qu'elle dictait ses nouvelles.

Aux environs, nous avons visité la forêt d'Antoigny qui est d'un aspect saisissant, et un peu chaotique. Imagine que nous avons d'abord traversé une grande étendue de bruyères, où papa a cru retrouver les *moors* d'Écosse. Ces bruyères sont hantées par une fée, selon la croyance de quelques paysannes très âgées, qui sont comme les gardiennes des traditions poétiques de la contrée.

Nous sommes ensuite arrivés au bord d'un escarpement gigantesque, d'où j'ai aperçu une gorge profonde, très étroite, qui s'entr'ouvre cependant pour permettre d'apercevoir les coteaux de la Mayenne. Les rochers bouleversés laissent sourdre de toutes parts des sources qui forment rapidement un ruisseau large et encaissé où papa a pêché des truites saumonées et des écrevisses.

Je te disais qu'il y a beaucoup de châteaux aux alentours. Ils sont bien habités et très hospitaliers pour les baigneurs de Bagnoles, auxquels on permet de les visiter.

Mais il faudrait écrire sinon un volume, du moins une brochure pour te faire connaître ce délicieux pays dans tous ses pittoresques détails. On doit savoir se borner, n'est-ce pas? Je continuerai de vive voix dans quelques mois, si je ne t'ai pas lassée.

Tu veux savoir comment je vis. Ici on peut choisir entre la catégorie des gens tranquilles et celle des mondains. Nous sommes entrés dans la première, comme tu l'as deviné. Papa et maman estiment qu'à la campagne ou aux eaux, il convient d'abandonner les habitudes parisiennes... et tu sais qu'à Paris ils ne se laissent pas non plus entièrement absorber par ce qu'on appelle les « obligations mondaines ». Ce n'est pas moi qui leur ferai un crime de ne pas suivre les fêtes du Casino. J'aime bien mieux me plonger en pleine nature, sous l'ombre de ces forêts magnifiques, en face de ces paysages tour à tour riants ou presque grandioses.

Écris-moi, dis-moi si toi aussi tu t'es mise en route pour un beau coin de France, si tu t'amuses, si vous vous portez bien.

Maman et moi nous t'embrassons bien affectueusement, chère Lucy. Souvenirs de maman avec mes respectueuses amitiés pour Madame du Haut-Mont.

Ta meilleure amie,

LAURENCE.

Je t'envoie l'album de Bagnoles et un gros bouquet de fleurs sylvestres *résistantes*, que tu pourras garder frais pendant huit jours.

### Lucy du Haut-Mont à Laurence de Brives.

Château de Gernelle, par Mézières (Ardennes).

15 juillet 18 .

*Ma chère petite Laurence,*

Il faisait si chaud à Paris que maman a décidé du jour au lendemain notre départ pour ses Ardennes, si bien arrosées, si bien ombragées.

Nous sommes chez ma tante de Brialmont, qui a cinq petites filles, tu sais. Ces enfants sont toutes plus jolies les unes que les autres et elles sont gaies comme de petits oiseaux.

Je me plais beaucoup dans ce village perdu, silencieux et si paisible, qu'on se croirait dans une île déserte, quand la nuit est venue et que toute la maison... née (comme dit ma tante) repose.

La semaine dernière, j'ai visité la vallée de la Meuse. Les bords du fleuve sont superbes de Nouzon à Givet dans les Ardennes françaises; de Givet à Liège dans les Ardennes belges ou, mieux, l'Ardenne belge.

La rivière roule ses eaux bleuâtres et tranquilles entre de hautes collines ou d'immenses rochers, au pied desquels s'étendent des prairies étroites et fleuries. Les courbes décrites sont délicieuses. A chaque instant l'horizon se ferme ; les mamelons qui s'élèvent à votre droite et à votre gauche, séparés les uns des autres au tiers de leur hauteur par de ravissantes petites gorges resserrées, ces grands mamelons brisés semblent aussi se dresser devant vous ; les eaux se sont-elles donc perdues au travers ? Mais vous continuez à suivre la rive sinueuse, le cours de la Meuse réapparaît bientôt dans le même paysage d'une grâce sauvage, mais que d'exquises différences de détails sauvent de toute monotonie.

Là se profilent de beaux grands rochers détachés de la chaîne : saluez les *Dames de Meuse*. Les villages industriels se pressent sur les bords de la large rivière ; à la pointe de la France, presque en Belgique, voici Givet, ancienne place de guerre, jolie ville qui sourit entre sa forteresse haut perchée, le formidable Charlemont, et son Mont-d'Haur fortifié d'une façon inexpugnable par la nature et par Vauban.

En vérité, là, j'ai trouvé l'aspect un peu sévère. Mais j'en ai aimé la tristesse et, du reste, une flore charmante couvre les flancs de ces montagnes hérissées de défenses naturelles et humaines.

Puis la chaîne des montagnes riveraines, après une solution de continuité et un abaissement assez remarquable au moment où le fleuve entre en Belgique, se relève après le joli village d'Hermeton, mais en prenant un air riant, un peu moins imposant que tout à l'heure, en France.

On traverse Hastières, bourg bien bâti où les Bruxell...ers — comme dit le parti antifrançais — viennent en villégiature depuis quelques années et qui possède une église remarquable, rebâtie en pierres grises du pays sur les plans primitifs.

Elle appartient à deux époques distinctes. Le porche (conservé) et la triple nef sont du plus pur roman ; le chœur, ogival au contraire, est séparé de la première partie de l'église par une crypte, aujourd'hui à découvert, où l'on a trouvé des sarcophages des VII$^e$ et VIII$^e$ siècles, époque où le temple faisait partie d'un couvent de bénédictins, nous explique le très aimable et intelligent curé de la jolie paroisse.

Après Hastières, par une route adorable, c'est Vaulxsort, où les rochers sont encore plus pittoresques, les prairies plus vertes, le calme plus profond, où les esprits les moins poétiques rêvent en face de cette nature tranquille et douce dans son agreste austérité ; où l'on voudrait voir s'écouler les jours comme s'écoulent les ondes paisibles de la Meuse. Ces eaux-là sont si limpides, si feuillés les arbres accrochés aux rochers, si fleurie l'herbe haute, si grand, si profond le silence, qu'on s'oublierait à contempler toujours ce beau et simple paysage.

Mais nous avons continué jusqu'à Dinant, rencontrant des châteaux superbes sur le chemin. L'entrée de la ville est gardée sur la rive droite par la fameuse roche à Bayard, détachée des assises granitiques supérieures et qui se dresse géante, isolée, magnifique. La ville est charmante, d'une propreté excessive, — malgré la lettre célèbre de Madame de Maintenon — avec de belles maisons, des magasins élégants où l'on vend les *couckes* renommés (pain d'épice du pays). Elle est très étroite, adossée à la montagne, traversée par la Meuse et, après le fleuve, immédiatement bornée par une autre falaise. Sa citadelle, construite tout au haut d'un rocher énorme et abrupt, la surplombe et semble toujours près de s'écrouler sur elle avec la montagne qui la supporte. Sur l'autre rive, également resserrée, s'étend le faubourg appuyé à l'autre côte, où grimpent des jardins en amphithéâtre qui escaladent jusqu'au sommet de la montagne.

Les curiosités naturelles et autres abondent là. Nous avions pour cicerone un gamin de six ans d'une surprenante intelligence. Il nous conduit à la grotte de Montfat, dans la ville même ; antre où fut autrefois adorée Freya, la déesse de l'Amour des vieux Germains, qui tenaient cette divinité des religions scandinaves et la donnèrent aux Gaulois.

L'église de Dinant est très belle, quoique peu ornée, grise à l'intérieur comme à l'extérieur. Cette pierre du pays est un peu triste. On célébrait la messe avec beaucoup de pompe et quoique cette église soit très grande, elle ne pouvait contenir tous les fidèles, dont la moitié étaient agenouillés sur le parvis.

Enfin, nous nous sommes longtemps arrêtés sur le pont, d'où le panorama est admirable, d'où l'on aperçoit les ruines de Crève-Cœur, de Bouvignes, etc. Mais il faut achever cette description, c'est un volume que je t'envoie.

Je veux te dire encore pourtant que j'ai vu autre chose à Dinant... des toilettes absolument parisiennes.

Je désire aussi que tu saches que les riverains de la Meuse ont le caractère franc, ouvert, hospitalier, avec une teinte de gravité dans l'esprit. Ils sont affables, intelligents, accueillants.

J'espère que tu suivras un jour à ton tour les bords de la longue rivière, que tu visiteras les Ardennes françaises, si belles dans toutes leurs parties. Sous le couvert de leurs forêts épaisses, on ressent encore un peu de cette « horreur sacrée » qui hérissait les cheveux de nos ancêtres; dans les replis de leurs montagnes, sont semées toutes sortes d'industries intéressantes. La terre est un peu maigre en ces régions plutôt pittoresques, mais le paysan sobre y vit de peu.

Allons, j'achève, en t'annonçant une petite caisse de couckes, de photographies et de petits objets en bois de Spa. J'ai glissé au milieu de ces choses des fleurs cueillies aux endroits les plus beaux, où j'ai pensé à toi.

Je t'embrasse bien des fois, ma chère petite Laurence ; maman se joint à moi et aussi mes petites cousines qui ont vu ton portrait et te trouvent ravissante.

Mes compliments respectueux à Madame de Brives.

Ton amie dévouée,

LUCY.

**La baronne de Seillac au général de Morduc.**

Château de Seillac, le 15 février 18   .

*Mon cher général,*

Robert, qui est venu passer quelques jours avec moi pour m'ouvrir son cœur, me dit qu'il vous a confié le sentiment très vif et très sincère que lui a inspiré une jeune fille qu'il a rencontrée dans le monde cet hiver, Mademoiselle Laurence de Brives.

Il désire l'épouser et me prie de la demander en mariage. Je connais assez le caractère de mon fils pour être certaine qu'il a fait un bon choix, aussi bien en ce qui concerne la jeune fille que sa famille.

Néanmoins, mon cher général, je vous serais reconnaissante de prendre quelques informations sur les de Brives. Si ces renseignements sont bons, comme je le crois déjà, voudrez-vous bien vous charger de porter en personne la demande en mariage que j'adresserai à M. de Brives?

Je sais que vous ne refusez rien à Robert, que rien ne vous coûte quand il s'agit du fils de celui qui fut votre frère d'élection.

Si les choses s'arrangent comme mon Robert le souhaite, comme je le désire pour lui, j'irai à Paris pour la première fois depuis que votre ami m'a quittée. Je romprai, pour un jour, ce deuil et cette clôture dont la sévérité a ses âpres joies pour un cœur toujours endolori.

Je serai bien heureuse de vous serrer la main, ce qui n'empêchera pas votre visite annuelle à Seillac, où le printemps commence à naître déjà.

Je ne vous écris pas longuement, étant un peu troublée par toutes ces pensées sur l'avenir de Robert.

Au revoir, mon cher général, merci par avance et croyez toujours à la vive et sincère affection

De votre amie,

BORDES-SEILLAC.

### Le général de Morduc à la baronne de Seillac.

22 février 18  .

*Chère Madame et amie,*

La famille de Brives est des plus honorablement connues. Le père est un magistrat très distingué et très considéré; la mère est entourée de l'estime de tous. La fille est exquise, élevée dans d'excellents principes : elle a reçu une éducation saine et forte, dégagée de tout ce que celle du passé pouvait avoir de défectueux, et de tout ce que celle du présent peut avoir de dangereux. Cette jeune fille, très simple, sera une femme délicieuse et remarquable.

Il y a un fils, comme Robert a dû vous le dire. On le juge très bien dans le monde ; il commence sa carrière de diplomate.

La fortune est convenable, la famille vivant très honorablement, mais sans ces exagérations de luxe et d'élégance qui conduisent vite à l'ébrèchement des patrimoines.

J'irai porter votre demande à M. de Brives aussitôt que vous le voudrez. Robert est bien impatient.

Vous avez bien raison de compter sur moi en toutes circonstances, chère Madame et amie, car nul ne vous est dévoué avec une affection et un respect plus absolus.

Votre ami,

MORDUC.

## La baronne de Seillac à M. de Brives.

Château de Seillac, par Périgueux.

1er mars 18  .

*Monsieur,*

Ma santé me retient au logis pour l'instant, je ne puis donc que vous écrire. Mais je charge le général de Morduc, qui fut le meilleur ami, le frère d'armes de mon mari, de vous porter en personne cette lettre, par laquelle je suis heureuse de vous demander Mademoiselle votre fille en mariage pour mon fils, le baron Jean-Robert Mordat de Seillac, capitaine au 40e bataillon de chasseurs à pied.

Il n'appartient ni au général de Morduc, notre ambassadeur, ni à moi, Monsieur, de vous vanter les qualités de mon fils, mais son supérieur immédiat, le commandant Paisant, pourra vous renseigner exactement sur le caractère et l'avenir promis à celui qui prétend à l'honneur de votre alliance.

Tout ce qu'il m'est permis, à moi, de dire, c'est que mon fils est profondément épris de Mademoiselle votre fille, non seulement parce qu'elle est charmante, mais aussi parce qu'elle lui paraît douée des qualités qui assurent le bonheur d'un honnête homme.

Il est un point, toutefois, sur lequel je vous dois des éclaircissements complets : Notre fortune est médiocre. Elle se compose d'un vieux château bâti au commencement du dix-septième siècle et de propriétés terriennes, dont la bonne exploitation nous rapporte vingt mille livres de rente. Mon fils, qui n'a voulu ni se faire rendre ni examiner ses comptes de tutelle, ne consentira pas à prélever plus du tiers de ce revenu à partir du jour de son mariage. Avec sa solde, cela ne le fait pas bien riche, comme vous voyez, au moins pendant ma vie, et j'ai cinquante ans.

Je joins ici l'adresse de notre notaire, souhaitant, Monsieur, que vous preniez auprès de lui des informations sérieuses sur nos ressources.

Je puis ajouter, je crois, que mon fils porte le nom le plus pur de notre province, que son passé militaire n'est pas sans gloire, tout jeune qu'il est, ce qui, de l'avis de ses chefs, lui assure un bel avenir.

Voilà toute notre situation simplement et véritablement exposée. Je désire qu'elle paraisse suffisante à votre ambition et à celle de Mademoiselle votre fille, pour que mon fils puisse être heureux.

Et je vous prie, Monsieur, de recevoir, pour vous et pour Madame de Brives, l'expression de mes sentiments les plus distingués.

BORDES-SEILLAC.

### M. de Brives à la baronne de Seillac.

Paris, 10, avenue de l'Alma, 5 mars 18　.

*Madame,*

Je vous prie de me croire très honoré pour ma fille, de la recherche de Monsieur votre fils.

Je connais M. de Seillac et je l'avais apprécié avant que son ami, le général de Morduc, et son commandant m'aient parlé de lui, m'aient dit de lui tout le bien que votre modestie de mère vous empêchait de m'écrire.

J'ai d'abord consulté ma femme, à laquelle le capitaine plaisait déjà beaucoup. Puis, quand nous avons été d'accord sur tous les points, nous avons appelé notre fille.

Elle aussi avait jugé le jeune officier selon ses mérites, car il nous a paru qu'elle acceptait avec bonheur de devenir sa femme.

Notre fortune, que mon notaire établira, s'élève à huit cent mille francs environ. Nous donnons cent mille francs de dot à notre fille. Le jeune ménage ne sera pas riche, mais étant donné le caractère de l'un et de l'autre fiancés, ils auront l'aisance, ils pourront vivre avec un certain confortable. Cette médiocrité ne les empêchera pas d'être heureux.

Je prends tous les arrangements nécessaires; je

réunis tous les renseignements les plus précis, pour les fournir au général de Morduc, votre délégué.

Nous espérons au reste, Madame, que votre santé vous permettra de venir bientôt à Paris. Nous serions heureux de faire connaissance avec vous et votre présence simplifierait bien les choses.

Ma fille vous prie d'agréer son affectueux respect.

Veuillez, Madame, recevoir les meilleurs compliments de ma femme et mes très respectueux hommages.

M. DE BRIVES.

### La baronne de Seillac à M. de Brives.

Château de Seillac, par Périgueux.

8 mars 18 .

*Monsieur,*

Je vous remercie du bon accueil que vous avez fait au général de Morduc et à ma lettre.

Je suis bien heureuse de la joie de mon fils, qui m'a écrit dans un vrai délire de bonheur.

Votre sympathie pour mon Robert me touche profondément. Je sais un gré infini à Madame de Brives de sa bonté pour lui et j'aime celle qui consent à lui confier sa vie.

Je viendrai à Paris le plus tôt possible, pour faire connaissance avec ceux auxquels mon fils va appartenir.

Permettez-moi de serrer affectueusement la main de Madame de Brives et d'embrasser tendrement Mademoiselle Laurence.

Veuillez croire, cher Monsieur, à mes sentiments les meilleurs.

BORDES-SEILLAC.

### Madame de Brives à la baronne de Seillac.

Paris, 10, avenue de l'Alma, 14 mars 18 .

*Madame,*

Je veux vous dire que nous avons, mon mari et moi, une affection très vive pour votre cher fils et que cette affection grandit tous les jours. Nous lui donnons notre fille avec la conviction qu'il en fera une femme heureuse.

Le noble caractère, la parfaite éducation que chacun lui reconnaît, c'est votre œuvre; chère Madame, aussi ai-je grande impatience de connaître la femme supérieure que vous êtes, celle qui sera aussi la mère de ma fille. Tous, d'ailleurs, nous vous sommes d'ores et déjà attachés.

Si la date du 25 avril prochain vous agréait, nous pourrions y fixer le mariage de nos enfants. Dîner de contrat le 20, mariage civil le 23, cérémonie religieuse le 25.

Le commandant de Monsieur Robert ne verrait nul inconvénient à ces arrangements. La permission de trente jours accordée au marié partirait du 20.

Je me mets à votre disposition pour toutes les commissions et courses que vous pourriez avoir à faire dans Paris. Mon futur gendre, si doué sous une foule de rapports, me paraît incompétent en fait de petits détails féminins. Il ne juge bien — mais fort bien alors — que de l'ensemble.

Au revoir, chère Madame, ma petite Laurence vous embrasse et mon mari vous envoie ses respectueux hommages. Moi, je vous prie de croire à ma très vive sympathie.

SERGINES-BRIVES.

### La baronne de Seillac à Madame de Brives.

Château de Seillac, par Périgueux.

17 mars·18

*Chère Madame,*

Merci pour votre aimable lettre, pour cette bonté avec laquelle vous jugez mon Robert.

Tous les arrangements que vous proposez relativement au mariage me paraissent convenir à merveille.

J'ai hâte de vous voir tous. Les longues conversations que j'ai eues avec Robert pendant son *bref* congé, les grandes lettres qu'il m'écrit, toutes pleines de vous, me font connaître aussi ceux qui l'ont accepté pour fils, qui ont eu assez de confiance en lui pour lui accorder leur fille bien-aimée.

Je lui écrirai dans quelques jours à cette enfant qui m'est si chère déjà, que j'appelle ma fille, depuis le jour où elle est promise à mon Robert.

J'arriverai à Paris huit jours avant le contrat.

Il faudra bien une semaine pour ravitailler ma garde-robe de provinciale. Il y a dix ans que je n'ai mis les pieds dans la grande ville, n'ayant plus quitté le deuil de mon mari. J'accepte de tout cœur, chère Madame, les bonnes offres que vous me faites, j'aurai besoin de vous pour me tirer d'affaire au milieu des modistes et des couturières et bien que je ne veuille pas trop m'écarter de mes habitudes de simplicité.

Adieu, chère Madame, veuillez continuer vos bontés à mon fils. J'embrasse Mad... Non... notre petite Laurence avec tendresse. Recevez, je vous prie, pour vous et pour Monsieur de Brives, l'expression de mes sentiments affectueux et sympathiques.

BORDES-SEILLAC.


**M. de Brives au comte de Meursault.**

Paris, le 9 mars 18 .

*Mon cher oncle,*

Je veux que vous soyez tout de suite instruit d'un événement de famille qui nous remplit tous d'une grande joie.

Notre fille Laurence vient d'être demandée en mariage par un jeune capitaine de chasseurs à pied, le baron Robert de Seillac. Le fiancé ne possède pas une grande fortune, mais il est plein d'avenir et son caractère nous paraît la plus sûre garantie de bonheur pour notre chère enfant.

La famille de Seillac est très honorablement connue, c'est l'une des plus anciennes du Périgord.

Madame de Seillac, née de Bordes, est issue d'une bonne famille de robe de l'Anjou.

M. de Seillac est fils unique, il n'a plus son père. A lui seul reviendra toute la fortune, dont il laisse présentement les deux tiers à sa mère.

Nous voulons espérer, mon cher oncle, que vous pourrez vous déranger pour le mariage de notre Laurence. Vous nous rendriez tous bien heureux et, alors, je vous demanderais de vouloir bien être l'un des témoins de ma fille.

Nous attendons votre réponse avec impatience. Nous recevrons aussi avec un grand plaisir et un très vif intérêt des nouvelles de votre santé.

Je vous prie, mon cher oncle, de croire à mon sincère attachement. Ma femme et ma fille vous embrassent affectueusement.

Votre neveu,

M. DE BRIVES.

### Le comte de Meursault à M. de Brives.

Château des-Tourbelles, 11 mars 18  .

*Mon cher Maurice,*

J'ai appris avec un grand plaisir que ma jolie petite-nièce Laurence est fiancée à un jeune homme de mérite.

J'aurais été très heureux d'aller jouir de votre bonheur à tous, mais ce voyage serait trop fatigant à mon âge, et bien que ma santé soit assez bonne. Ce sont les jeunes mariés qui viendront me voir, après la lune de miel, dans ma vieille. gentilhommière.

Je prie ma charmante petite-nièce d'accepter ces billets de banque pour acheter elle-même, en souvenir de son vieil oncle, un objet qu'elle choisira mieux que moi. Je lui adresse aussi d'anciens ustensiles en argent dont elle saura tirer parti dans son ménage. J'y joins mes vœux pour son bonheur.

La campagne est déjà fort belle dans notre région. Mes blés sont superbes et mes arbres commencent à fleurir. J'en suis bien aise pour mes pauvres métayers si éprouvés l'an dernier.

Au revoir, mon cher neveu. Crois à ma vive affection. Embrasse ta femme et ta fille pour moi. Roger arrivera-t-il assez tôt pour le mariage?

Ton oncle,

MEURSAULT.

### Laurence de Brives au comte de Meursault.

Paris, le 12 mars 18  .

*Mon cher oncle,*

Je vous remercie bien vivement du superbe cadeau que vous me faites. Grâce à vous, mon ménage pourrait être tout de suite aussi bien monté que celui de maman. Mais je ne veux pas faire de folies et je ne dépenserai pas entièrement cette grosse somme que je tiens de la générosité et de l'amitié de mon cher oncle.

Les objets d'argenterie d'une forme si ravissante et d'un si beau travail feront la gloire de la maîtresse de maison que je serai dans quelques jours, s'il plaît à Dieu.

Comme nous regretterons tous votre absence le jour de mon mariage, mon cher oncle. Oui, j'irai vous présenter mon... mari. M. de Seillac trouve que vous avez fait à votre petite-nièce un présent royal.

...Soignez-vous bien, cher oncle. J'aurai grande hâte de vous remercier de vive voix, de me retrouver aux Tourbelles où j'ai toujours été si choyée, si gâtée.

Au revoir, je vous embrasse de tout mon cœur, mon cher oncle. Papa et maman vous envoient toutes

leurs affections. Ils joignent leurs vifs remerciements aux miens.

Votre nièce reconnaissante qui vous aime,

LAURENCE DE BRIVES.

Notre Roger sera ici dans huit jours.


**Madame de Brives à Mademoiselle de Coldomme.**

Paris, le 9 mars 18 .

*Ma chère Alice,*

Nous marions notre Laurence au baron Robert de
Seillac, capitaine au 40ᵉ bataillon de chasseurs à
pied. Trente ans, bonne famille, bel avenir, cavalier
de grande mine, brillante intelligence, caractère
chevaleresque. Fils unique d'une femme remarquable. Fortune médiocre.

Ma fille aime de toutes ses forces ce fiancé accom-
pli... qui lui avait donné son cœur à la première rencontre. Je suis heureuse du bonheur de Laurence...
heureuse et cependant un peu triste, un peu inquiète
même, malgré une grande confiance en mon futur
fils.

Mais c'est dur de marier sa fille, de s'en séparer, de se demander si elle ne trouvera pas des mécomptes et des douleurs dans la vie nouvelle qu'elle va commencer. Je lui cache, bien entendu, mes angoisses involontaires, je ne lui dis pas le chagrin que me causera son départ de « la maison », le vide que me fera son absence. Chère enfant, je ne voudrais pas troubler les beaux jours de ses fiançailles et, devant elle, devant tous j'ai du courage. Pardonne-moi de m'être épanchée auprès de toi, de t'avoir attristée.

C'est fini, je veux chasser ces pensées, pour qu'elles ne transpercent pas, ne viennent pas gâter la joie de mon beau jeune couple.

Viendras-tu, ma meilleure amie, me soutenir en ce jour du mariage et sourire avec tous à Laurence ? Oui, j'en suis sûre, si ta santé te le permet. Réponds-moi vite à ce sujet.

Nous attendons Roger. J'ai bien besoin de la présence de mon fils. Ah ! je ne me croyais pas si faible ! Je ne savais pas que ce fût si dur de se voir enlever sa fille. Ma chère petite Laurence ! qu'elle soit heureuse seulement et je me résignerai.

Je t'embrasse avec tendresse, ma chère Alice ; mon mari et Laurence baisent tes blanches mains, les plus belles du monde.

Ton amie dévouée,

MARGUERITE.

## Mademoiselle de Coldomme à Madame de Brives.

Tours, le 10 mars 18 .

*Ma chère Marguerite,*

Je te félicite et te plains à la fois. Tu remets ta fille entre bonnes mains et ce qui doit te rassurer, c'est non seulement le caractère du fiancé, mais aussi celui de Laurence... qui est le tien. Ta fille sera heureuse et rendra heureux, parce qu'avant toute chose elle saura aimer.

Cependant, je comprends le désarroi de ton cœur, ma pauvre Marguerite, et je sais que ta petite Laurence manquera beaucoup à ton foyer. Sois courageuse, les mères sont faites pour le sacrifice. Le bonheur de Laurence te donnera, du reste, de profondes joies.

Je n'assisterai pas au mariage. A cette date, j'aurai encore près de moi ma très vieille cousine de Blémont, à laquelle je dois doublement d'égards dans la triste situation où elle est réduite. Tu m'approuveras de ne pas avancer d'un seul jour son départ, même pour aller à toi, à Laurence.

Mais dès que je serai libre, je courrai près de toi, j'essayerai de te remplir un peu, de mon mieux, ces premiers jours si durs de l'absence de Laurence.

Je souhaite à ta chère fille tout le bonheur qu'elle mérite. Je lui envoie, à titre de souvenir du doux événement, quelques mètres de vieux point pour orner une de ses robes de jeune femme. C'est une dentelle de famille et je suis bien aise qu'elle passe à ma petite amie. Embrasse-la bien pour moi, ta chère mignonne, et sois forte, ma bonne Marguerite.

A bientôt. Toutes mes tendresses pour toi et un bon souvenir pour ton mari. Auras-tu ton fils ?

Ton amie,

ALICE.

**Laurence de Brives à Mademoiselle de Coldomme.**

Paris, le 12 mars 18

*Chère Mademoiselle et amie,*

Vous m'avez bien gâtée, ce point magnifique est digne d'une princesse ; je ferai des jalouses, je le crains, quand je le porterai.

Je vous remercie bien tendrement de vos bontés pour votre petite amie. Maman joint ses remerciements aux miens et en ajoute d'autres encore pour la lettre que vous lui avez écrite.

Mon fiancé, à qui nous avons tant parlé de notre amie, regrette, avec toute la famille, que vous ne puissiez assister à notre mariage. Mais comme il veut vous connaître, comme je souhaite que vous le connaissiez, nous nous arrêterons à Tours pendant quelques heures, en nous rendant à Seillac où nous devons passer les huit derniers jours de notre permission.

Je serai ravie de me retrouver pendant quelques instants auprès de la belle et douce amie de ma chère maman, dans la délicieuse retraite qui lui fait un cadre digne d'elle.

Au revoir donc, chère Mademoiselle, maman et moi nous vous embrassons bien fort, de tout cœur. Hommages de papa et de mon fiancé.

Votre petite amie reconnaissante,

LAURENCE DE BRIVES.

**Laurence de Brives à Mademoiselle Lucy du Haut-Mont.**

Paris, 9 mars 18 . .

*Ma plus chère amie,*

Je veux que tu sois des premières à apprendre le grand événement qui, depuis quelques jours, a changé délicieusement ma vie.

Je viens d'être demandée en mariage par celui que j'aurais choisi entre tous, par celui dont j'essayais pourtant de détourner ma pensée, redoutant qu'il n'éprouvât pour moi qu'une indifférence polie.

Mais, sans vouloir me l'avouer, je l'aimais déjà alors, pour ses idées élevées, pour sa droiture, pour toutes les nobles qualités qu'on ne pouvait s'empêcher d'admirer en lui autour de moi.

Il est un peu sérieux, peut-être, mais j'aime cela. Il n'est pas non plus ce qu'on appelle un joli garçon, malgré des yeux admirables où se lisent toutes ses pensées et qui rayonnent d'intelligence, mais il a fort grand air et porte à merveille le sévère uniforme des chasseurs à pied.

C'est un capitaine, [j'aurais dû te le dire dès le début. Il a une grande valeur morale et intellectuelle ; c'est le dire de ses chefs qui fondent sur lui de grandes espérances. Sa fortune est médiocre, d'autant plus qu'il laisse jouir sa mère des deux tiers du revenu qu'il tient de son père... mais cette tendresse filiale le fait riche à mes yeux. Toutefois, je suis bien aise qu'il possède dans sa province un vieux et poétique château ancestral où sa chère mère vit toute l'année, et qui me plaira beaucoup, j'en suis sûre, d'après les descriptions qu'il m'en fait.

Ma dot est loin d'être extraordinaire, nous vivrons donc modestement. Mais cette situation moyenne n'exclut pas une élégance simple qui est à la portée de tous. : il ne tient pas plus que moi au luxe et, comme moi, déteste l'ostentation.

Son nom ? son nom ? t'écries-tu impatiente. Baron Robert de Seillac. Noblesse très ancienne et très pure du Périgord.

Mais que je te raconte les prémices. Présenté par Roger, qui l'avait rencontré chez les Corsalles, il ne manquait pas un des mardis de maman. Aux quelques bals de mon hiver, il s'était montré — autant que les convenances le permettaient — mon danseur assidu. Il· aimait, m'a-t-il dit, ma simplicité d'allures et de toilette, mes goûts qui n'ont rien de sportif — quoiqu'il trouve bon que je monte à cheval.

— Enfin ma gaieté lui plaisait... je n'ose continuer à énumérer tout ce qu'il « admirait » (!) encore en moi.

Nous avions deviné, l'un et l'autre, que nous pourrions nous comprendre. Chacun de notre côté, nous pensions qu'il serait doux de marcher ensemble dans la vie. Cette sympathie se trahissait par de fugitives lueurs, des regards involontaires, quand nous étions contents l'un de l'autre. Il est si différent des jeunes hommes à la mode ! jamais gouailleur, pas du tout sceptique ! de manières aussi simples qu'aisées, élégant sans aucune affectation. Il veut bien s'intéresser un peu aux chevaux, aux courses, à tous les sports, mais à titre d'accessoire, parce que tout le monde s'en occupe autour de nous. Il lui serait très facile de se passer de ces choses-la, il ne saurait en faire, comme tant d'autres; la grande affaire de la vie.

Il travaille ardemment du reste, épris qu'il est de son métier, donnant ainsi carrière à son patriotisme, qui revêt la forme élevée et sans emphase de tous ses autres sentiments... et je l'aime tant pour cela !

Aussi, quand papa et maman m'ont sondée, avec de grands ménagements, j'ai été inondée d'une joie immense, j'ai bien laissé voir, ayant compris enfin ! que ce mariage était la réalisation de mes rêves. Et ma pauvre maman a pleuré de bonheur... et aussi, je l'ai bien devinée, chère mère! à l'idée de voir partir sa fille de la maison. « Toujours une goutte d'absinthe au fond du vase de miel », a murmuré papa, pendant que maman m'embrassait. Lui aussi, trouvera que sa petite Laurence manque au foyer.

Il est venu le lendemain de bonne heure, bien ému... mais tu sais, pas ridicule du tout. Maman a d'ailleurs mené l'entretien avec ce tact que tu lui connais, tout le monde était à son aise. Et depuis je marche en plein bonheur, je remercie Dieu à toute heure.

Le mariage est fixé au 25 avril. Il faut que tu sois ici le 20, jour du contrat. Tu es naturellement ma première demoiselle d'honneur. Maman va écrire à Madame du Haut-Mont à ce sujet.

— Je t'embrasse, heureuse, heureuse, ma Lucy. Je

voudrais être au jour où tu me confieras pareille douce joie.

A toi tendrement,

LAURENCE.

Mes respectueuses amitiés à Madame du Haut-Mont.


**Mademoiselle Lucy du Haut-Mont à Laurence de Brives.**

Nice, le 10 mars 18 .

*Ma chère petite Laurence,*

Je crois que je suis aussi contente que toi.

J'éprouve déjà pour Monsieur de Seillac une sympathie fraternelle. Il doit être un vrai chevalier, puisque tu consens à lui donner ta vie, puisque ton père et ta mère l'acceptent pour fils.

Je ne te félicite pas avec les cérémonies ordinaires et extraordinaires, je t'embrasse une fois de plus, de tout mon cœur.

Comme il t'ira bien le poétique château ancestral ! Quelle gracieuse femme et maîtresse de maison tu vas faire, maman ne cesse de me le répéter. Elle ajoute que tu seras heureuse, parce que tu sauras donner du bonheur à un autre.

J'ai hâte de te revoir, *my darling;* de causer avec toi, de te demander une foule de détails complémentaires, de connaître ton fiancé, ce capitaine qui a l'air d'un prince.

Maman consent, naturellement, à ce que je sois ta demoiselle d'honneur ; nous écourterons un peu notre séjour dans la ville des fleurs... d'où je t'envoie un panier de roses, en signe de joie.

A bientôt, et de nombreux baisers de ta

LUCY.

Mes compliments respectueux à Madame de Brives..

**Madame de Brives à Madame du Haut-Mont.**

Paris, le 9 mars 18 .

*Chère Madame,*

Nous marions notre Laurence le 25 avril. Elle vient d'annoncer cette nouvelle à son amie en lui donnant force détails. Elle ne m'a laissé que le plaisir de vous demander, en mon nom et en celui de mon mari, de vouloir bien assister, avec Lucy, aux fêtes du mariage. Je vous prie aussi de permettre à Lucy de servir de demoiselle d'honneur à Laurence : garçon d'honneur, mon fils.

Jé suis heureuse de savoir, par M^{me} Saint-Brice, que votre vie à Nice est un perpétuel enchantement, et que votre santé n'a jamais été aussi brillante.

Veuillez croire, chère Madame, à mes bien affectueux sentiments. J'embrasse Lucy et mon mari vous offre ses hommages à toutes deux.

SERGINES-BRIVES.

## Madame du Haut-Mont à Madame de Brives.

Nice, villa du Clos-Doré, 10 mars 18  .

*Chère Madame,*

Je né voudrais pour rien au monde priver Lucy du bonheur de revoir Laurence en cette solennelle circonstance et de lui servir de demoiselle d'honneur.

Nous allons abréger notre séjour, car si je le pouvais, pour augmenter le ravissement de ma fille, je me mettrais tout de suite en route pour Paris.

Nous arriverons quelques jours avant la signature du contrat. Les deux amies pourront encore causer ensemble pendant quelques instants.

Je vous remercie beaucoup d'avoir pensé à nous
faire partager vos joies familiales, chère Madame.
Je vous félicite de tout mon cœur, j'embrasse tendrement l'heureuse fiancée.

Croyez, chère Madame, à mes sentiments les meilleurs, et veuillez offrir mes compliments à Monsieur de Brives.

EDER-HAUT-MONT.

**La baronne de Seillac à Mademoiselle de la Tombelle.**

Seillac, le 9 mars 18 .

*Ma chère cousine,*

Je viens de demander en mariage pour Robert —
qui est agréé — une délicieuse jeune fille qu'il aime
depuis près d'un an. Elle se nomme Laurence de
Brives, elle est jolie, simple, intelligente et bonne,
pas du tout fin de siècle. Sa mère, née de Sergines,
est une femme charmante. Le père est un très honorable magistrat.

La fortune n'est pas extraordinaire : M. et M^me de
Brives ont deux enfants et donnent cent mille francs
en dot à leur fille.

Tous ces détails, que je tenais de Robert, m'ont été confirmés par le général de Morduc. J'ai hâte de connaitre ma future fille et je quitterai bientôt la vieille maison — ce sera la première fois depuis dix ans — pour aller assister à un mariage qui comble mon cher fils de joie.

J'ai tenu, ma chère cousine, à vous instruire tout de suite de cet événement de famille. Les mariés, en venant à Seillac, s'arrêteront pendant quelques heures à Limoges pour vous rendre leurs devoirs.

Je veux croire que votre santé vous donne toute satisfaction. Où en est votre grand ouvrage de canivet ? J'admire votre patience inaltérable et votre merveilleuse adresse. J'amasse toujours des timbres-poste oblitérés pour votre œuvre.

Au revoir, ma chère cousine, je vous embrasse affectueusement et je compte sur votre visite d'été.

A vous de tout cœur,

BORDES-SEILLAC.

## Mademoiselle de la Tombelle à la baronne de Seillac

Limoges, le 11 mars 18  .

*Ma chère cousine,*

J'ai appris avec joie la bonne nouvelle du mariage de Robert. Je vous remercie d'avoir pensé tout de suite à me faire partager votre bonheur..

J'envoie tous mes souhaits aux deux fiancés, je serai très heureuse de faire connaissance avec ma jeune et charmante cousine.

Je garderai jusqu'à leur visite le présent que j'ai toujours destiné à Robert pour son mariage, le portrait de ce baron de Seillac qui s'illustra au siège de La Rochelle. Ma mère avait toujours voulu le remettre entre les mains de mon cousin de Seillac, devenu l'aîné de la race.

J'irai certainement vous voir en juillet, s'il plaît à Dieu. Vous savez que mes huit jours de Seillac sont les meilleurs de mon année, vous exercez si bien l'hospitalité, ma chère et intelligente cousine.

J'interromps de temps en temps mon grand travail de canivet pour de plus petits ouvrages. Entre autres, voici une prière découpée d'après ce procédé, appliquée sur soie bleu tendre, que vous pourrez offrir à votre future fille, comme vous dites si affectueusement.

Pour varier mes occupations, je parfile un peu

aussi. Gardez-moi, chère cousine, tous les petits morceaux de soie que vous ne pourriez utiliser.

Je vous sais bien gré de vous donner la peine de conserver les timbres-poste des lettres qui vous sont adressées. Nous arriverons ainsi, je l'espère, à retirer un malheureux de la misère, à le préserver des souffrances du dénuement. Cela vaut bien de s'astreindre à ces minuties charitables.

Au revoir, ma chère cousine, je vous embrasse de tout mon cœur.

Bien à vous,

BÉRANGÈRE DE LA TOMBELLE.

## Le baron de Seillac au marquis Henri de Saint-Fardy.

Paris, le 9 mars 18 .

*Mon cher Henri,*

Viens me voir un de ces jours, je veux te dire mon bonheur. Je me marie, je te montrerai l'ange.

Mon cœur déborde de joie, chante un hymne d'allégresse, j'ai besoin que mon plus cher ami se réjouisse avec moi.

Arrive donc. Je serre tes deux mains, heureux,
au septième ciel.

SEILLAC.

**Le marquis de Saint-Fardy au baron de Seillac.**

Coulommiers, 10 mars 18 .

Je viens, mon cher Robert, impatient de partager
ta joie et de contempler l'ange.

Ton bonheur, c'est un peu le mien, je te félicite
donc de tout cœur.

A demain et à toi,

SAINT-FARDY.

### Le baron de Seillac à Laurence de Brives.

Fort de Montrouge, le 20 mars 18 .

*Mademoiselle et chère fiancée,*

Des ordres de service imprévus me retiendront tout ce jour loin de Paris. On me vole l'heure de bonheur que je passe chaque soir auprès de vous.

Jusqu'à ce matin, je n'avais jamais vu que la grandeur du métier militaire, je sens aussi ce soir sa pesante servitude.

Il sera dur pour votre fiancé de n'entendre pas de toute une journée le son de votre voix, de ne pas voir se lever sur lui votre regard.

Je m'estime heureux encore pourtant de pouvoir vous écrire, c'est toujours me rapprocher un peu de vous et puis cette lettre, qu'on vous portera à l'heure habituelle de ma visite, vous forcera à penser à moi. Je suis exclusif, il me serait douloureux d'être oublié, même un soir.

J'avais justement à vous parler de ma mère, qui a deviné vos traits, la couleur de vos cheveux, votre taille, votre esprit et votre caractère. Je ne lui avais pas autrement dépeint ma chère fiancée que par ces mots : Elle réalise l'idéal que je me suis toujours formé de la femme. Chère mère, elle connaissait donc l'idéal de son fils.

Elle va vous écrire, elle vous enverra en même

temps des violettes blanches de notre vieux jardin, que le printemps visite plus tôt que les jardins de Paris.

Je crois que vous aimerez ma mère qui déjà vous aime tant, pour qui vous serez la fille rêvée, désirée...

Hélas! le clairon avertit le pauvre capitaine d'avoir à déposer sa plume pour ceindre son sabre et veiller à la défense du fort dont un ennemi imaginaire fait mine de s'approcher.

Plaignez-le un peu, ma chère fiancée. Et permettez-lui de baiser vos doigts roses en vous exprimant sa respectueuse et ardente affection.

ROBERT DE SEILLAC.

Respects affectueux à Monsieur et à Madame de Brives.

**La baronne de Seillac à Laurence de Brives.**

Château de Seillac, le 26 mars 18 ..

*Chère Mademoiselle Laurence,*

Vous voulez bien, n'est-ce pas? que j'embrasse avec une maternelle tendresse celle qui va devenir ma fille, celle qui rend déjà mon Robert si heureux, non seulement par les charmes de son esprit, mais encore et surtout par ceux de son cœur.

Comme il me tarde de connaître la jolie et gracieuse jeune fille qu'il a choisie pour remettre en ses mains le bonheur de sa vie; comme je vais l'aimer cette enfant, pour elle-même et pour l'amour de mon fils.

Je puis vous faire l'éloge de votre fiancé, je suis certaine que vous serez indulgente pour ce bavardage de mère, je crois même que cela vous sera agréable. Il est sérieux et tendre, mon... notre Robert; fort et bon. Une femme peut s'appuyer avec confiance sur ce cœur loyal, honnête, aimant. Je le connais, l'affection qu'il vous a vouée pour toutes vos qualités exquises ira toujours grandissant. Il me sera bien doux de voir son bonheur, de penser que, si je partais, il ne resterait pas isolé, qu'une autre tendresse de femme le ferait heureux. Ainsi, mon enfant, vous aurez ensoleillé le soir de ma vie.

Tout à l'heure, en pensant à vous, en vous bénissant dans mon cœur, j'ai cueilli toutes les violettes blanches de notre jardin. On m'a dit que ces fleurs portent bonheur, qui sait? Le chancelier Bacon croyait que les choses inanimées peuvent agir sur l'esprit de l'homme par de secrètes sympathies, par de latentes sympathies. — J'ai rangé mes violettes par petites touffes dans un panier qui appartenait à Robert dans son enfance — et je vous les envoie, souhaitant qu'elles vous arrivent fraîches et parfumées, comme elles me quittent.

Je serai à Paris quelques jours avant la date du contrat. Le cœur me bat d'impatience de vous embrasser et de faire connaissance avec Monsieur et Madame de Brives, qui sont si bons pour mon fils.

Après le mariage, je reviendrai donner un air de fête à la vieille maison des ancêtres, pour le jour où Robert y amènera sa jeune femme bien-aimée.

A bientôt, chère enfant. Je vous embrasse encore bien affectueusement et bien fort.

Mille bons souvenirs à Monsieur votre père et à votre charmante maman.

Tout à vous de cœur,

BORDES-SEILLAC.

**Laurence de Brives à la baronne de Seillac.**

Paris, le 28 mars 18 .

*Madame,*

Comment vous exprimer l'émotion avec laquelle j'ai lu votre lettre si bonne et si tendre, émotion que papa et maman ont partagée; dont Monsieur

6.

de Seillac m'a encore vue toute remuée ce soir.

Moi aussi je vous aime déjà... parce que vous êtes *sa* mère — et c'est la raison que vous trouverez la meilleure. Puis, parce que je connais vos beaux et nobles traits... et qu'ils reflètent votre âme, m'a dit mon fiancé.

Si vous saviez quelle vénération il a pour vous, comme il vous aime ! C'est par ces sentiments-là qu'il a gagné tout de suite mon affection. J'aime encore l'amour qu'il conserve à son « vieux nid ». Vieux nid qu'il me donne grande envie de connaître, moi aussi.

Je ne saurais vous dire le plaisir que j'ai eu à respirer les violettes blanches du « vieux jardin » ; j'ai baisé les douces envoyées, ne pouvant baiser la chère main qui les avait cueillies pour l'heureuse fiancée. Oh ! oui, elles lui porteront bonheur ! Et ce cher petit panier, « comme c'est bien une idée de mère ! » a dit maman : il est à la meilleure place parmi mes plus chers souvenirs.

Merci, merci pour votre tendresse, chère Madame, pour cette façon dont vous me l'exprimez. Je ne peux mieux vous témoigner ma reconnaissance qu'en l'aimant toujours plus... lui ! Du reste, il est facile de l'aimer, je vous le dis tout bas, ne réalise-t-il pas le type le plus pur du chevalier ?

Nous vous attendons, chère Madame, à qui je serai si heureuse de donner un nom plus doux. Permettez-moi de vous embrasser tendrement. Papa vous envoie ses hommages et maman vous dit mille choses affectueuses.

Votre très respectueusement,

LAURENCE DE BRIVES.

**Laurence de Brives au baron de Seillac.**

Tours, le 9 avril 18′.

*Cher Monsieur Robert,*

Maman veut bien que je vous annonce que nous rentrerons demain à Paris de notre court voyage. Quand je dis court, c'est pour parler comme grand'-mère et maman, car il m'a paru long, très long. Et pourtant j'aime toujours à me retrouver dans le vieil hôtel de ma chère grand'mère. Mais elle se retire de bonne heure dans sa chambre... aussi les soirées me paraissent-elles interminables.

En feuilletant sa musique, j'ai trouvé un « vieil air » périgourdin. Vous le connaissez peut-être ce joli chant de votre pays et peut-être aurez-vous quelque plaisir à l'entendre à Paris. J'ai donc passé une grande partie de mon temps à l'étudier fort sérieuse-ment, le soir surtout, et je le rapporte... pour vous.

Avez-vous de bonnes nouvelles de Madame votre mère? Arrive-t-elle toujours le 12 ? Lui avez-vous transmis mes tendres et respectueux souvenirs ?

Je remporte à Paris la touffe de muguet, le bouquet de marguerites et le panier de jacinthes que vous m'avez adressés ici. Les chères fleurs sont restées merveilleusement fraîches et belles. Grand'mère veut que je profite jusqu'au bout de leur grâce et de leur parfum.

A demain soir, cher Monsieur Robert. Grand'mère et maman vous envoient leurs amitiés. Moi, je vous prie de croire à mes affectueux sentiments.

L. DE BRIVES.

J'ajoute ici une confidence : tout à l'heure grand'-mère et maman parlaient de vous — et j'ai été heureuse d'entendre les éloges qu'elles donnaient au caractère de mon fiancé.

### M. de Brives au comte de Blocqueval.

Paris, le 20 mars 18  .

*Mon cher ami,*

Je marie ma fille au baron Robert de Seillac, capitaine au 40ᵉ bataillon de chasseurs à pied, d'une ancienne famille du Périgord.

Veux-tu bien me faire le plaisir d'être l'un des témoins de la mariée? Son second témoin sera mon frère aîné.

Nous signons le contrat le 20 avril.

Le mariage civil a lieu le 23....

On célèbre le mariage religieux le 25.

Nous serions tous heureux, mon cher ami, si tu nous accordais le témoignage d'affection que je réclame de ta vieille amitié.

Ma femme et Laurence t'envoient leurs plus doux sourires, moi je continue à t'aimer comme au temps de notre trentaine.

BRIVES.

### Le comte de Blocqueval à M. de Brives.

Les Roburs, par Rouen, le 21 mars 18   .

*Mon cher ami,*

J'accepte avec un vif plaisir cette distinction que tu me confères en me choisissant pour l'un des témoins de ta chère fille.

Compte sur moi pour toutes les cérémonies.

Offre mes hommages à ta chère femme; embrasse pour moi la plus ravissante des fiancées!... Fiancée! cette fillette! Déjà! Ah! mon pauvre ami! Souhaite-lui tous les bonheurs.

Félicitations à tous.

Je serre bien fort tes deux mains, mon vieil ami.

BLOCQUEVAL.

Je connais ce nom de Seillac. Il a été très bien porté dans tous les siècles.

### La baronne de Seillac au comte de Marle.

Château de Seillac, le 30 mars 18  .

*Mon cher cousin,*

Mon fils épouse M<sup>lle</sup> Laurence de Brives, fille d'un magistrat éminent. C'est une jeune personne accomplie... à notre manière de voir, qui est la vôtre.

Voulez-vous bien faire à Robert l'honneur d'être l'un de ses témoins? Le commandant de son bataillon sera son second témoin; notre vieil ami, le général de Morduc étant en deuil d'une sœur bien-aimée.

La famille de Brives a fixé la signature du contrat au 20 avril, le mariage civil au 23, le mariage religieux au 25.

J'espère, mon cher cousin, que vous ne refuserez pas au fils de votre ami et parent le témoignage d'estime et d'amitié que je sollicite de vous pour lui.

Nous serons en outre très heureux d'avoir une occasion de vous revoir.

A bientôt donc, je descendrai à l'hôtel du Louvre. Croyez à ma vieille et profonde affection.

Votre cousine,

BORDES-SEILLAC.

### Le comte de Marle à la baronne de Seillac.

Les Touffes, par Lévé, le 31 mars 18  .

*Ma chère cousine,*

Je suis heureux que vous ayez pensé à moi, je vous remercie de m'avoir choisi. Je serai, sans hésitation possible, avec un très vif plaisir; au contraire, le témoin de Robert. Vous savez comme j'aime le cher garçon et comme je vous reste attaché, ma cousine.

Je descendrai aussi à l'hôtel du Louvre, et je vous prierai, dès mon arrivée, de me présenter à la famille de Brives.

Je suis persuadé que Robert a fait un bon choix et je me réjouis en pensant à son bonheur. Envoyez-lui tous mes bons souhaits.

Au revoir, ma chère cousine, je vais me retrouver avec joie auprès de vous et du fils de mon cher Seillac. Ces jours compteront pour moi.

Croyez à mon affection très vive et très respectueuse.

MARLE.

## Madame de Brives à la baronne Robert de Seillac.

Paris, le 25 avril 18  .

*Ma fille chérie,*

Tu viens de nous quitter pour la première fois. Pour la première fois, je n'ai pas été t'embrasser dans ton petit lit blanc avant de m'endormir, et ton départ fait un vide immense dans la maison.

Aussi, sentant que le sommeil ne viendra pas, et aussi pour être encore avec toi, pour tromper mon pauvre cœur qui saigne, je ne puis m'empêcher de t'écrire. Je veux ainsi essayer de ruser avec ce chagrin des mères qui voient partir une douce fille comme toi, il me semblera que mon enfant bien-aimée est encore là, près de moi, sous mes yeux.

Et puis t'ai-je bien dit tout ce que j'avais à te dire, tout ce que je devais te dire ? Je sais bien que tu seras une très sage petite femme, mais vois-tu, ma chère fille, je crains, même pour toi, cet étourdissement, cet éblouissement des premiers jours d'une existence toute nouvelle, ce vacillement qu'un si profond changement imprime parfois à notre cerveau. Et cependant, c'est dès ces premiers jours qu'il faut donner une direction à ta vie de femme.

Tu ne dois pas abuser de la douceur de ces premiers moments ; il faut savoir t'arracher au délicieux enivrement où te plonge une pensée unique et.

tout en fuyant les trivialités et le prosaïsme de la vie, ne pas te départir un instant de ton sens pratique.

Il n'est pas bon aux jeunes couples de rester de longues journées les yeux dans les yeux. Il sera nécessaire de mettre, de temps en temps, un livre, un journal dans les mains de ton mari, en lui disant que tu vas remplir tes devoirs de maîtresse de maison. Tu ne lui prouveras jamais mieux que tu l'aimes qu'en t'occupant de lui, de son bien-être. Et s'il veut te suivre à l'office, à la cuisine, n'y consens pas. Il vaut mieux qu'il croie que tu n'as qu'à toucher les choses d'une baguette de fée, et ne pas lui laisser voir les inévitables dessous un peu mesquins, un peu vulgaires de tout ménage. Nous nous en tirons sans rien perdre de notre grâce, mais ils dépoétisent le foyer à un mari.

Ne néglige pas la composition et la surveillance des repas, ni l'arrangement du couvert. Les maris les plus épris se lassent très vite des viandes mal cuites, des plats mal apprêtés et des femmes qui ne savent pas prendre ces soins essentiels sans avoir l'air d'y toucher.

Vous vivrez à la Chênaie en vrais ermites, en tête-à-tête perpétuel pendant un mois. Ne va pas, dans tes nombreux moments de loisirs, te blottir dans un fauteuil et garder sans cesse ton mari à tes genoux.

Fais-lui connaître notre beau pays, promène-le à travers cette campagne que tu aimes tant. Et quand

la pluie vous retiendra au logis, prends un ouvrage
à l'aiguille et demande à Robert de te lire quelques
pages d'un livre... qu'il aime. Ouvre aussi le piano,
mais n'y reste pas des heures entières, pour ne pas
plus le fatiguer de musique que d'autre chose.

Et maintenant, viens encore un peu plus près de
moi; je veux te dire quelques mots tout bas. Il
arrive parfois, ma fille, qu'on découvre en son mari
quelques imperfections... j'irai plus loin, quelque
petit ridicule même. Je me hâte d'ajouter que ce ne
**doit pas** être le cas avec Monsieur de Seillac. Mais ad-
mettons **une** minute la possibilité d'un petit défaut
**chez ton mari.** Il ne faudrait pas t'autoriser de cette
découverte, ma bien-aimée, pour te relâcher d'une
grande surveillance sur **toi-même.** La femme doit
professer une grande indulgence à l'égard du compagnon de sa vie, il lui faut fermer les yeux, ne s'apercevoir de rien en beaucoup d'occasions — mais
il lui faut exercer sur elle-même une sévère répres-
sion, ne jamais « se laisser aller ». Cela s'applique à
son langage, à sa tenue, à sa toilette, aux soins de sa
personne aussi bien qu'à tous les autres points de
vue, qu'on juge souvent les plus importants, les seuls
importants.

Une vraie femme travaille sans cesse à détruire
en elle les défauts petits et grands, les moindres laideurs, les ridicules les plus légers. Elle agit ainsi
pour conserver l'amour de celui qu'elle aime, auquel
elle a donné sa vie. Mais, ma mignonne, je te le

dirai tout de suite, avec la plupart des maris, on ne peut sur ce point et même sur aucun autre, s'attendre à un complet retour. L'homme, toujours un peu confiant en lui-même, persuadé de sa supériorité sur nous en presque toutes choses, ne croit pas devoir s'astreindre à certaines petites gênes. Il faut lui passer cela et plus encore : un peu d'égoïsme et de personnalité, c'est la nature humaine... côté masculin, car à nous autres, notre seule raison d'être, c'est la grâce et le dévouement, lesquels bien pratiqués font la femme belle et charmante jusqu'à la fin de sa vie.

Grande tolérance donc pour nos maris, toutes les fois que cela n'entraîne pas l'oubli de notre dignité, puisqu'une des conditions du bonheur, c'est de posséder le respect de l'homme aimé. Et attention rigoureuse sur la plus insignifiante de nos paroles et de nos actions.

Ne t'effraie pas, ma fille, de ces recommandations. La femme *qui aime* trouve ses grands et ses petits devoirs faciles à remplir. Elle surmonte en souriant les petites révoltes de sa nature plus affinée ; elle ferme les yeux sur une foule de petites choses, elle en détourne sa pensée.

C'est parce qu'elle est un être plus délicat, plus élégant qu'elle sait adoucir la rudesse native de l'homme, c'est parce qu'elle cherche à s'idéaliser aux yeux du bien-aimé, qu'elle parvient à le corriger — quand il en est besoin, d'une insouciance fâcheuse.

Ne t'effraie donc pas des choses que je t'ai dites —

et sans doute fort inutilement — car il est instinctif
chez la femme de plaire et de se dévouer.

Je t'embrasse bien fort, ma fillette chérie, et bien
tendrement. Papa a l'air de chercher sa Laurence
dans tous les coins. Mais nous sommes raisonnables,
nous la savons auprès d'un grand cœur qui l'aime
bien.

Ta mère heureuse malgré la tristesse de l'absence,

SERGINES-BRIVES.

**La baronne Robert de Seillac à Madame de Brives.**

La Chênaie, 27 avril 18  .

*Chère mère,*

Je tiens à te dire d'abord que Robert, avec un tact
exquis, n'a pas voulu entendre une seule ligne de ta
lettre. « Je suppose, a-t-il dit, qu'il y a entre vous de
ces secrets féminins où les hommes n'ont rien à
voir. » Intuition rare chez un mari probablement,
et qui t'indique, chère maman, que je n'aurai pas à
souffrir. Non, ne crains rien, Robert est encore plus
gentilhomme par nature que par naissance.

Si tu savais comme il est tendre, comme il est bon,

comme il est profondément délicat! Je n'aurai rien à affiner en lui, mais, comme tu me le conseilles, je travaillerai sur moi-même sans me lasser, pour conserver son affection et son respect.

Je suis heureuse, bien que vous me manquiez beaucoup, papa et toi, ma chère maman. Robert qui n'aime pas les ingrats, comprend fort bien que je regrette la maison paternelle... mais il essaie de vous remplacer. « Nous les reverrons en allant à Seillac, me répète-t-il souvent. Je ne veux pas qu'ils souffrent de t.. votre absence; je veux aussi qu'ils sachent que vous les aimez toujours autant, toujours plus. »

Merci de ta bonne grande lettre, mère chérie. Je n'ai garde de ne pas profiter des précieux avis qu'elle contient. Je me fais belle pour mon cher mari, j'ai senti tout de suite que c'est une coquetterie nécessaire, une sainte coquetterie, ainsi que le dit une de nos amies. Et puis, ne t'ai-je pas vue prêcher d'exemple, depuis que je me souviens? N'étais-tu pas la plus soignée, la plus élégante des femmes, tout en dépensant moins d'argent que tes amies? C'est que tu joins à toutes tes autres qualités et vertus la plus haute en même temps que plus douce raison.

Pour tout le reste aussi, je suivrai sans m'en écarter la ligne de conduite que tu m'as tracée. Je voudrais te ressembler, ce qui serait être la meilleure des femmes, la plus charmante et la plus experte des maîtresses de maisons. Sois certaine que tous mes efforts tendront à ce qu'on dise de moi : Elle a quelques-unes des qualités de sa mère.

Ne pleure pas, je suis heureuse et je pense sans cesse à vous.

Dis à papa qu'il reverra bientôt sa petite Laurence. Embrasse-le bien pour moi ce cher papa et Roger aussi, quand il reviendra de Tours.

Je t'embrasse tendrement, chère petite mère. Mon mari vous envoie à tous d'affectueux souvenirs.

Ta fille respectueuse qui t'aime,

LAURENCE.

**La baronne douairière de Seillac au baron et à la baronne de Seillac.**

Seillac, le 10 mai 18  .

Pardonnez-moi mon impatience, mes chers enfants, mais je voudrais connaître, dès maintenant, le jour exact où vous m'arriverez, le jour où ma chère fille entrera dans la vieille maison pour la faire rayonner de sa jeunesse, de sa grâce et de sa beauté.

Dans le pays, on a grande hâte de connaître « la jeune baronne, la jeune dame de Seillac ». Elle est déjà aimée ici. Son charme l'a précédée, lui a gagné les cœurs.

Je me reproche mon égoïsme, mon Robert, puisque je voudrais être à ces derniers jours de ta permission qui sont pour moi. Mais tu comprendras mon désir de revoir ta femme, ma gracieuse et charmante fille, mon désir d'assister à ton bonheur, mon fils.

Indiquez-moi donc vite ce jour, cette heure où j'aurai la grande joie de vous embrasser tous les deux. Et en attendant, recevez déjà mille baisers de votre mère impatiente.

BORDES-SEILLAC.

### La baronne de Seillac à la baronne douairière de Seillac.

La Chênaie, le 12 mai 18 .

*Chère maman,*

Je suis aussi heureuse que Robert d'aller passer quelques jours auprès de vous, car dès l'instant où je vous ai vue, il m'a été facile et doux de vous aimer. J'aurai grand plaisir aussi à connaître « la vieille maison », qui est, j'en suis sûre, un très poétique manoir.

Nous vous arriverons le 17 à cinq heures du soir.

Robert vous demande la cuisine locale ; il tient à me la faire apprécier. Moi, je vous remercie d'avance des gâteries que je sens dans l'air.

Je vais, chère maman, vous demander des conseils, beaucoup de conseils pour rendre heureux notre Robert. Vous le connaissez mieux que moi, vous me direz tout ce que je dois faire pour lui donner le plus de bonheur possible. Aidée par vous et par ma chère mère, j'espère être une bonne femme pour lui.

Vos enfants vous embrassent avec une vive tendresse, chère maman, et se réjouissent beaucoup à la pensée de « la semaine de Seillac ».

Votre fille respectueuse et affectionnée,

LAURENCE DE SEILLAC.

*Chère petite mère,*

Je contresigne seulement la lettre de ma femme. Merci de l'aimer, elle le mérite. Elle a pour toi une grande admiration, de la tendresse déjà, une déférence profonde. Oh ! je lui en sais tant de gré !!

Que je vais être heureux à Seillac, entre toi et elle, pendant ces huit jours où je pourrai enfermer tout mon bonheur entre mes bras.

Notre impatience égale la tienne, je t'assure.

Chère mère, je t'embrasse bien affectueusement.

Ton fils respectueux,

ROBERT.

7.

## La baronne de Seillac à Madame de Brives.

Seillac, le 18 mai 18  .

*Ma mère aimée,*

Notre voyage a été un enchantement, grâce au plus attentionné des maris... avec papa. Le temps était superbe et Robert s'amusait beaucoup à me renseigner tout le long de la route parcourue. Qu'il est doux de traverser ainsi de beaux sites, de grands paysages sans efforts et sans fatigue. Tu sais, fidèle à ma manie, j'aurais souhaité être ainsi emportée toujours, sans fin ; j'éprouve comme un regret quand la course est achevée, quand je suis arrivée au terme du voyage. La commode « vieille voiture », les bons « vieux chevaux », le digne « vieux cocher » nous attendaient à la gare de Périgueux. La route est fort jolie de la ville à Seillac, et après une heure très agréable nous étions en vue du domaine.

La chère mère de mon Robert était à l'entrée de l'imposante avenue de châtaigniers qui conduit au château. Elle m'a fait un si tendre accueil que j'en ai pleuré de joie... et Robert était bien ému. Tu aurais été remuée et heureuse, chère maman.

La « vieille maison » est au fond de l'avenue qui s'écarte largement au bout pour laisser apparaître cette construction Louis XIII, qui a vraiment grand air, quoiqu'elle ne soit pas très vaste. Il est presque tout couvert de fleurs le « vieux logis » : glycine ici, rosiers là ; au nord, manteau de lierre, c'est tout à fait joli.

La salle des gardes, la salle à manger, le salon étaient emplis de roses. On avait sorti la « vieille argenterie » héréditaire, le linge tissé au blason des Seillac. Le menu avait été surveillé. avec amour par la gracieuse dame châtelaine.

Et dans ma chambre [et mon cabinet de toilette, mille raffinements de femme affectueuse et délicate.

Après le dîner, j'ai voulu voir le parc sous la lumière de la lune. Ma belle-mère... non, mon autre mère — tu veux bien ? oui, tu es contente? — nous a conduits au bas du perron, puis avec un geste charmant nous a dit : « Allez seuls. »

« Elle veut, m'a expliqué Robert, nous laisser savourer en tête à tête cette première promenade sous les vieux arbres ! »

Oh ! bien beaux ces « vieux arbres », que Robert aime comme des amis très anciens et très sûrs. — Le parc tout entier est d'un simple et noble dessin.

Robert m'a tout de suite conduite aux endroits qui lui sont le plus chers, qui sont marqués pour lui d'un souvenir plus particulier — et ce sont ces coins-là qui me plaisent le mieux.

Tout à l'heure nous irons au tombeau de son père. Je viens de tresser une guirlande de feuillage, piquée de roses, pour la déposer là où repose celui qui n'aura pas connu la femme de son fils.

Ta fille est bien, ta fille est heureuse. Elle sait que sa mère chérie se consolera de la séparation avec cette certitude du bonheur de sa Laurence. Rien ne lui fait pourtant oublier le nid où elle a grandi, la chaude tendresse de son père et de sa mère, l'amour de tous ceux qui l'entouraient. Les affections nouvelles développent, s'il se peut, les anciennes.

Adieu, chère petite mère, je t'embrasse bien des fois. Embrasse papa pour sa Laurence.

Dis à ma bonne Rose que je l'embrasse, à mon vieux Justin que je ne l'oublie pas.

Madame de Seillac et Robert me chargent pour papa et toi, de leurs vives amitiés.

Ta fille respectueuse qui t'aime,

LAURENCE.

## La baronne de Seillac à Mademoiselle Lucy du Haut-Mont.

Les Closettes, Chambéry, 20 juin 18 .

*Chère Lucy,*

Voilà que j'ai commencé à prendre part à la vie sociale pour mon propre compte, et je ne puis m'empêcher d'être un peu effrayée en sentant que je suis directement et sérieusement en cause.

Vois-tu, jusqu'au jour où elle se marie ou plutôt jusqu'au jour où finit le tête-à-tête du début de son existence nouvelle, la femme ne se fait pas une idée bien nette des charges et des devoirs qui incombent à chacun en ce monde ; de toutes parts on lui allège le poids de la vie.

C'est pourquoi nous fléchissons d'abord sous le fardeau, bien que nous ayons retrouvé un autre protecteur qui assume toujours la charge la plus lourde et les plus graves obligations.

J'ai donc éprouvé comme un éblouissement à me trouver ainsi en pleine lumière et tout en m'abritant encore derrière mon mari. Maman, qui est venue nous installer, m'assure que cela passera très vite. Quant à Robert, il aime jusqu'à mes timidités de jeune femme ; il est si bon qu'il aime tout en moi, mes imperfections aussi.

Du reste, je m'efforce d'être à la hauteur de ma tâche nouvelle et la bonne volonté nous est toujours comptée ; on réalise presque chaque fois, dit maman, le désir de bien faire.

Je suis enchantée de notre garnison. Sûrement, quelque bienveillant génie qui connaît mon amour pour la montagne est allé voltiger autour du ministre de la guerre et lui a inspiré l'idée d'envoyer ici le 40° bataillon, pour inaugurer ma vie de jeune femme dans ce beau pays, qu'il faudra que tu connaisses.

Nous avons découvert une maison fort gentille aux portes de la ville, un vrai nid. Nous la meublons simplement, avec, toutefois, cette pointe d'élégance qui n'est due qu'au goût et à l'ingéniosité, et tu sais si, sur ce point, on peut disputer le prix à ma chère maman. Notre mobilier sera souvent cahoté sur les grandes routes : les bataillons de chasseurs changeant souvent de garnison. Il fallait qu'un certain chic n'en exclût pas la solidité ; nous avons pu réunir ces conditions. Les fleurs seront mon plus grand luxe, nous avons un jardin ; les champs et la montagne achèveront de m'approvisionner royalement.

Du reste, Robert m'ayant dit qu'il n'y a pas de fortunes au bataillon, alors même que la raison ne nous imposerait pas cette modeste installation, le désir de ne pas surpasser nos égaux et nos supérieurs en fait de luxe, nous en ferait un devoir.

Je réglerai aussi mes toilettes en conséquence. Mais je suis plutôt heureuse de pouvoir rendre un culte sans restriction à la sainte simplicité que j'adore.

Ne viendras-tu pas bientôt, avec Madame du Haut-Mont, voir ton amie dans l'exercice de ses fonctions de maîtresse de maison. Robert, qui a une très vive sympathie pour Madame du Haut-Mont et pour toi, me parle de vous tous les jours. Nous serions bien heureux de vous avoir ici *à nous* pendant quelque temps. Ta mère, qui aime les voyages, parcourra avec plaisir ce beau pays de Savoie.

Nous avons deux jolies chambres au service de nos amis. Un paysage superbe s'encadre dans les fenêtres de ces chambres. Nous comptons sur vous, nous vous attendons, n'est-ce pas ?

Adieu, ma chère Lucy. Je t'embrasse de tout mon cœur. Embrasse Madame du Haut-Mont pour moi. Respectueux et affectueux hommages de mon mari.

Ton amie,

LAURENCE.


### La baronne de Seillac à Madame de Brives.

Les Closettes, Chambéry, le 1ᵉʳ juillet 18  .

*Chère maman,*

J'essaye de maintenir mon ménage sur les bases où tu l'as établi. La règle et l'ordre que tu as institués n'ont pas été troublés.

Pendant que Robert est à son service, l'ordonnance et la bonne « fourbissent » notre petite maison — et tout en « inspectant » le travail — je pare le logis pour le retour de mon mari ; je veux que ses yeux soient charmés et reposés quand il rentre, après la fatigue de la route poudreuse qu'il vient de parcourir sous le soleil et la chaleur..

Ta fille est aussi « sous les armes », coiffée, habillée

de son mieux. Le déjeuner est prêt. Tous les repas sont simples mais bien préparés, le couvert est toujours mis avec soin et coquetterie.

Robert aime cet air de fête et sait me témoigner sa gratitude. Il voit bien que tous ces apprêts ont pour but de lui rendre sa maison agréable. Aussi n'aime-t-il guère à en sortir sauf quand son métier, dont il est véritablement esclave, le réclame et pour nos grandes promenades dans cette admirable campagne dont nous voulons tous deux connaître les moindres recoins.

Cependant je me refuse, comme tu me l'as conseillé, chère maman, au tête-à-tête trop absolu. J'invoque les convenances sociales et mondaines. J'ai pris le deuxième et le quatrième mardi de chaque mois pour mon « jour ». Je consacre les mardis intermédiaires aux femmes qui ont aussi choisi ce jour de la semaine.

Robert dit que je reçois ses amis et leurs femmes, ses inférieurs comme ses supérieurs, avec la cordialité gracieuse que tu m'as recommandée. A ma prière, il assiste aux visites, à moins d'empêchement sérieux. J'ai tenu, sur ce point aussi à suivre tes avis.

Nous tâcherons de ne pas faire beaucoup de connaissances en dehors du bataillon, pour ne pas gaspiller le temps... la vie.

Il faut pourtant sortir beaucoup, car c'est la mode au 40ᵉ d'être assidue aux « jours ». Je m'arrange afin de trouver des heures pour tout, pour mon mari et mon intérieur, pour le monde. Nous nous promenons, je tiens l'aiguille, je surveille tout chez moi, je fais de la musique (Robert en est fou et chante bien), je veux encore continuer à lire beaucoup.

J'inscris mes dépenses, chaque jour. Je m'efforce de conduire mon ménage avec économie, mais sans parcimonie, comme tu me l'as enseigné.

Ces dames me témoignent beaucoup de sympathie. Il est amusant d'être la plus jeune, on vous traite un peu en bébé, avec une sorte de tendresse qui fait plaisir. Aussi n'ai-je pas voulu les rendre jalouses, en encourageant le commandant à suivre mes mardis, tandis qu'on ne le voit que fort rarement chez les femmes de ses autres officiers.

Papa ne viendra-t-il pas bientôt voir par lui-même comment sa petite Laurence se tire d'affaire? Je ne lui demande que huit jours. Ce n'est pas toi qui lui reprocherais des vacances pendant un de tes voyages à Tours. Il se retrouverait avec plaisir à Chambéry, dont il a gardé un si agréable souvenir. Je l'attends, je serais heureuse de l'embrasser; il ne va pas me refuser sa visite.

J'ai reçu, il y a quelques jours, une lettre de Roger. Il me parle beaucoup de la petite cour, certains détails m'ont bien amusée. La villégiature y est tout aussi grave et solennelle que la « saison mondaine ». Il nous promet quinze jours à son prochain congé. Je voudrais déjà être à ce joyeux moment où je posséderai « Monsieur mon frère ».

Adieu, chère petite mère, nous t'embrassons bien fort et bien tendrement. Embrasse mille fois papa pour sa fille et serre-lui les mains bien affectueuse-ment de la part de son gendre.

J'embrasse aussi ma bonne vieille Rose, je la remercie beaucoup d'avoir marqué et ourlé toutes mes serviettes d'office.

Encore un baiser, bien-aimée maman.

Ta fille respectueuse,

LAURENCE.


### La baronne de Seillac à la comtesse de Sergines.

Les Closettes, Chambéry, le 15 septembre 18  .

*Ma bonne grand'mère,*

Maman m'écrit que tes pauvres mains te refusent tout service pour l'instant. Je regrette toujours tes tendres lettres, mais je comprends bien que tu ne puisses nous donner toi-même de tes nouvelles, nous écrire les mille choses affectueuses que tu dis si bien.

Je baise bien des fois ces pauvres mains affligées,

j'espère qu'elles seront bientôt guéries et que tu
nous dédommageras amplement d'un 'silence forcé
par de belles, grandes et fréquentes lettres.

Je vais aujourd'hui, pour la première fois, passer
ma soirée dans une profonde solitude. Mon mari
dîne au *mess* des hussards, où l'on fête l'arrivée d'un
officier, d'un capitaine qui est un camarade de Saint-
Cyr de Robert.

Il se pourrait, cependant, qu'on vînt m'enlever à
moi-même. Si la chose se sait au bataillon, ces dames
vont arriver me demander une tasse de thé, ou m'en-
traîner chez l'une d'elles. Je leur accorderai préféra-
blement le breuvage « qui réjouit sans enivrer ».

Je sais que Robert aimera mieux cela. Et tu
penses, chère grand'mère, que je mets tous mes
soins à ne pas le contrarier, à ne jamais lui dé-
plaire... volontairement.

Tout le monde me témoigne beaucoup de sympathie. Pourtant, j'ai failli « me faire une affaire »
avec les sous-lieutenants et les lieutenants, pour
avoir refusé avant-hier la présidence du croket et
du lawn-tennis, qui me revenait... comme étant la
plus jeune des femmes d'officiers! Mais depuis quelques jours, sans être du tout souffrante, je me sens
tout alourdie, plus lente, moins désireuse de
remuer; le croket et le lawn-tennis m'ont effrayée,
ce sont de trop rudes exercices pour moi en ce
moment.

Je ne puis plus non plus faire de très longues

promenades, ni monter un peu haut dans les Alpes Savoisiennes. Robert veut appeler le médecin demain, quoique la femme du capitaine adjudant-major.lui assure que c'est tout à fait inutile.

Ton fauteuil est-il toujours bien entouré, grand'-mère chérie? Oh! oui, car tu restes toujours la plus aimable et la plus jolie des douairières.

Robert me répète souvent qu'au coin de ta che-minée, dans ton grand fauteuil de peluche, encadrée de ta mantille et de tes dentelles, tu offres aux yeux charmés le plus délicieux pastel qu'on puisse rêver. On n'est plus belle comme cela aujourd'hui, grand'-mère.

Je continuerai fidèlement à t'écrire tous les huit jours, bien que je ne puisse recevoir de réponse à mes lettres.

Adieu, ma bonne grand'mère. Robert baise tes mains si belles malgré les douleurs. Moi je t'em-brasse affectueusement mille fois.

Ta fille respectueuse qui t'aime,

LAURENCE.

## La baronne de Seillac à Madame de Brives.

Chambéry, le 15 janvier 18  .

Mère, mère, viens tout près de moi, que je te dise tout bas un grand, un doux secret. Cette nuit j'ai été réveillée brusquement : une sensation indicible, ineffable, m'a révélé que nous aurons bientôt un enfant à adorer.

Robert est fou de joie. Je vois bien que, depuis quelques heures, il m'aime encore mieux, avec quelque chose de plus sérieux dans sa tendresse.

Pourvu que ce soit un fils, car mon mari sans être orgueilleux voudrait, j'en suis certaine, continuer la lignée des Seillac. Il ne m'a rien dit, il craint sans doute que nous n'ayons une déception et qu'elle ne me désole... pour lui. Moi, c'est l'*enfant* que j'aime déjà de toutes les puissances de mon être. Mais pour mon Robert, je souhaite d'abord un fils afin de perpétuer le nom si pur du père et ses traditions d'honneur.

Annonce vite la nouvelle à papa, à Roger, puisque tu as à lui écrire tout de suite, à ma bonne Rose aussi. Soyez joyeux et heureux avec nous.

Mille baisers de tes deux enfants, mère chérie.

J'embrasse papa de tout mon cœur. Robert lui dit bien des choses affectueuses, et déclare que notre fils ressemblera à mon cher père, que c'est une loi de nature.

Ta fille respectueuse qui t'aime,

LAURENCE.


**Le baron de Seillac à la baronne douairière de Seillac.**

Les Closettes, Chambéry, le 15 janvier 18  .

*Chère mère aimée,*

Ma femme chérie m'a annoncé tout à l'heure que je serai bientôt père. Cette nouvelle m'a plongé dans un trouble délicieux. J'aurais voulu te faire partager immédiatement notre bonheur, mais le télégraphe ne peut s'employer pour ces communications-là.

Certes, je souhaite ardemment un fils, un héritier de mon nom. Mais je pense surtout au petit être qui sera encore elle, encore moi, et dans lequel je retrouverai toute ma lignée d'aïeux ; oui, c'est au petit être. faible, qui aura tant besoin de tendresse et d'appui, que je pense surtout. Ah ! vois-tu, chère maman, je suis comme Laurence, j'aime déjà la petite créature attendue.

Je vais bien entourer ma chère femme de soins et

d'attentions. Elle se sentait fatiguée depuis quelques jours, mais la voilà joyeuse et vaillante ce matin.

Elle et moi, nous t'embrassons, chère mère, et nous comptons que tu seras ici pour la naissance.

Ton fils respectueux qui t'aime tendrement,

ROBERT.

**Madame de Brives à la baronne de Seillac.**

Paris, le 16 janvier 18  .

*Ma fille chérie,*

Comme nous sommes heureux de votre joie. Dieu bénisse dès maintenant, ma Laurence bien-aimée, ton enfant et toi.

Papa répète depuis tout à l'heure : « Comment, ma petite Laurence va être maman ! » Et il ajoute : « — Que de plaisir j'aurai à pratiquer l'art d'être grand-père ! »

Nous partirons pour Chambéry dans quelques jours. J'ai bien des soins à t'enseigner, ma fille, bien des précautions à te faire prendre. Je te recommande à Robert. Comme je vais aimer ton enfant !

Je ne t'écris pas longuement, j'aime mieux préparer notre départ. Ton père t'annoncera le jour précis de notre arrivée.

Je t'embrasse, ma chère bien-aimée, pour papa et pour moi. Mes vives tendresses à Robert. Soigne-toi.

Ta mère qui t'aime,

SERGINES-BRIVES.

**La baronne douairière de Seillac au baron de Seillac.**

Seillac, le 17 janvier 18  .

*Mon cher fils,*

J'ai pleuré de joie en lisant ta lettre. J'embrasse ta chère Laurence. Fille ou fils, je l'aimerai bien cet enfant, en qui je veux vous retrouver tous les deux, que je vois déjà reflétant vos traits et vos qualités.

Madame de Brives va entourer sa chère fille des plus grands soins. Toi, je sais que tu l'envelopperas d'une tendresse plus chaude encore. Mon rôle se borne donc à former des vœux pour vous, à vous bénir, à penser sans cesse à vous et au petit être qui va ajouter tant de joies à vos joies.

Comme il est doux d'être grand'mère, d'avoir des

bébés à gâter au soir de la vie. Je suis impatiente de voir mon petit-fils ou ma petite-fille. Oh! oui, s'il plaît à Dieu, je serai là pour son arrivée en ce monde.

Que je suis heureuse, mon Robert. Heureuse pour mon compte, heureuse pour le vôtre surtout. Votre bonheur a rayonné jusqu'ici.

Je t'embrasse, mon fils, j'embrasse tendrement la petite maman. Et je pense à l'enfant qui va venir.

Ta mère,

BORDES-SEILLAC.

**La baronne de Seillac à Mademoiselle Lucy du Haut-Mont.**

Chambéry, le 30 janvier 18 .

*Ma chère Lucy,*

Je ne pourrai plus t'écrire de longues lettres désormais. Mes occupations ordinaires se sont compliquées : je prépare une layette, un berceau.

Si tu savais quelle joie profonde on éprouve, comme on vit doublement... déjà! Quelle douceur! quelle intensité dans ce bonheur-là !

Mon fils... ou ma fille... j'ai le cœur remué en

pènsant à l'enfant que je n'ai pas encore vu, et son père est aussi heureux que moi.

Les maisons sans enfants manquent d'un puissant attrait, puisque mon bébé, qui n'est pas encore né, remplit déjà la nôtre tout entière.

Tous ces petits vêtements que je couds, c'est lui déjà! Le père les contemple, me contemple, nous nous regardons des larmes heureuses dans les yeux. L'enfant est la bénédiction éclatante de Dieu. J'ai hâte qu'il soit là. J'essayerai d'en faire un homme à la ressemblance de son père... ou une femme forte et tendre. Je veux m'efforcer d'être à la hauteur de ce nouveau et si doux devoir.

Comment va ta bonne mère? Je suis sûre qu'elle va comprendre notre bonheur, se réjouir avec nous. Offre-lui mes respectueuses amitiés.

Je t'embrasse avec une vive tendresse, ma chère Lucy. Il me semble que toutes mes affections sont encore plus fortes et meilleures. C'est ainsi chaque fois que le cœur s'élargit pour un nouvel amour.

Je mets mon capitaine à tes pieds.

Ton amie heureuse,

LAURENCE.

**Mademoiselle du Haut-Mont à la baronne de Seillac.**

Paris, le 1er février 18  .

*Ma Laurence chérie,*

Tu as eu raison de penser que maman et moi allions partager votre joie.

Depuis l'arrivée de ta lettre, nous ne cessons de parler de la jeune mère et de monsieur son fils. Ce sera un fils, pour que le père soit encore plus heureux.

Je me mets à l'œuvre pour Bébé quel qu'il soit. C'est moi qui me charge de la couverture de berceau, des taies d'oreillers et des bavoirs. Laisse-moi le plaisir de broder et d'ornementer tout cela.

Moi, je le vois déjà monsieur ton fils : très beau, très fier, très noble, très bon. Oh ! il a une mère qui saura faire de lui un paladin. La mode revient justement aux grands caractères. Ce n'est pas dommage, les hommes de sport, exclusivement sportsmen, ne laisseront pas grand vide en ce monde.

Maman me charge de toutes ses félicitations, de tous ses vœux. Elle fait arranger le collier d'ambre que je portais au cou dans ma première enfance. « Ce sera pour le Bébé de Laurence. Dis-lui que le collier d'ambre est un remède préventif contre le mal de gorge. C'est pour cette raison qu'on le fait porter aux petits enfants. Son extrême chaleur quand

il est en contact avec la peau et le cercle d'électricité ainsi maintenu autour du cou, en font une véritable défense contre le froid. »

Au revoir, ma Laurence aimée. Je me mets à
l'ouvrage avec ardeur. Je t'embrasse encore plus
tendrement qu'à l'ordinaire. Mille bonnes choses de
notre part pour ton mari.

Ta dévouée,

LUCY.

## Madame Bercy à la baronne de Seillac.

Fort de Montperché, le 15 mars 18 .

*Chère Madame,*

Du jour ou mon mari, en revenant de Chambéry,
m'a rapporté la nouvelle de vos douces espérances, je
me suis mise à travailler pour l'enfant attendu.

Veuillez bien accepter pour lui ces broderies dans
lesquelles j'ai mis autant de pensées pour la charmante petite maman qu'il y a de points.

Mon mari vous présente ses respectueux hommages
et serre bien cordialement la main de Monsieur de
Seillac. Moi, je vous embrasse bien fort, chère

petite Madame. Soignez-vous bien. Je n'ai pas besoin
de vous recommander au capitaine, il doit vous
entourer de mille prévenances.

A vous de cœur,

L. BERCY.

**La baronne de Seillac à Madame Bercy.**

Les Clossettes, Chambéry, le 17 mars 18  .

*Bien chère Madame,*

Comme je vous remercie de ces élégantes broderies qui encadreront mon bébé comme un petit
prince. Comme je vous remercie surtout de la façon
dont vous m'offrez ce long et précieux travail de vos
mains, ce travail d'une si admirable perfection que
tout le monde s'extasie sur sa beauté.

Il me tarde bien que vous reveniez à Chambéry.
Votre absence fait un vide profond au régiment.
Votre gaieté si douce et si bienveillante manque à
tous.

Enfin, vous allez songer au retour, nul ne s'en
réjouira plus que « le jeune ménage des Clossettes ».

8.

J'ai hâte de vous témoigner ma vive sympathie, de vous dire quel cas je fais de la vôtre, de l'affection dont vous me donnez de si aimables preuve s.

Au revoir et merci, bien chère Madame. Vous avez comblé l'enfant et la mère. Le père vous remercie, lui aussi, bien des fois. Il envoie, à vous, Madame, et à son commandant, ses respectueux et affectueux hommages. Je vous embrasse de tout mon cœur et je fais au bon commandant cette révérence qui le ravit tou jours.

BRIVES-SEILLAC.

*Télégrammes :*

**A la baronne douairière de Seillac.**

Laurence heureusement délivrée tout à l'heure d'un superbe garçon. Tout va bien. Je t'embrasse.

ROBERT.

### A Monsieur de Brives.

Laurence heureusement accouchée d'un garçon magnifique. Vont bien. Affections.

SEILLAC.

### A Roger de Brives.

Avons un beau garçon et Laurence va très bien. Amitiés.

SEILLAC.

### A Madame du Haut-Mont.

Heureux de vous apprendre que nous avons un fils. Laurence bien. Respects affectueux.

SEILLAC.

*Réponses :*

**Au baron de Seillac.**

Embrasse pour moi Laurence et ton fils. T'écris. Tendresses.

BORDES-SEILLAC.

Tendresses à ma fille, bienvenue à mon petit-fils. Arriverai après-demain. Amitiés à tous.

BRIVES.

Bons souhaits à bébé. Embrassades à Laurence. Affections à mère et à tous.

ROGER.

Lucy et moi, très heureuses. Félicitations et affections à tous. Embrassons mère et enfant.

HAUT-MONT.

**Le baron de Seillac à la baronne douairière de Seillac.**

Chambéry, le 6 mai 18 .

*Ma bien chère mère,*

Un mot encore, car un télégramme c'est trop peu.

Après mes angoisses, quelle joie de voir ma pauvre Laurence un peu faible mais endormie d'un bon sommeil.

« Le petit gars est magnifique, bien râblé, c'est un gaillard, » répète le docteur.

Oh ! mon fils !... je pleure de joie et je bénis la vie. Viens vite, chère mère, afin que tous mes amours soient réunis.

Le médecin dit que Laurence sera bonne nourrice. Si tu savais comme elle a été courageuse, énergique ! Et quel divin sourire, quand on lui a donné son fils à embrasser !

Oh ! chère mère, je ne croyais pas que ce fût une joie si grande, si délicieuse, si profonde.

J'ai bien des choses à faire. Permets-moi de te quitter vite. Je t'embrasse avec une tendresse plus vive que jamais.

Ton fils respectueux,

ROBERT.

Ci-joint ton itinéraire établi d'après les Indicateurs, avec les heures de trains et tous les plus petits renseignements nécessaires. Prends bien garde à la fraîcheur des nuits.

**Le baron de Seillac à M. de Brives.**

Chambéry, le 6 mai 18 .

*Cher Monsieur*,

Laurence dort, bien calme, bien reposée. Madame de Brives sourit maintenant et mon cœur est desserré.

Votre petit-fils est bien bâti, très fort, superbe. Sa mère et sa grand'mère disent qu'il vous ressemble déjà.

Ma chère femme a été admirable, héroïque, dit le médecin. Il ajoute qu'elle sera une nourrice remarquable. Nous vous attendons avec impatience, et je suis persuadé que vous êtes très pressé aussi de faire connaissance avec votre petit-fils.

Madame de Brives vous écrira par le courrier du soir. Elle est encore bien fatiguée, brisée par l'émotion.

A bientôt, cher Monsieur. Madame de Brives et Laurence vous embrassent. Et moi, je vous prie de croire à mes affectueux et très respectueux sentiments.

Votre fils,

R. DE SEILLAC.

**Le baron de Seillac au général de Morduc.**

Chambéry, le 6 mai 18  .

*Mon général,*

Je veux vous annoncer tout de suite l'heureuse délivrance de ma femme, qui a montré un courage et une patience au-dessus de tout éloge.

Nous avons un gros garçon, qui crie déjà très fort et qui est, assure le docteur, admirablement constitué. Je vous avoue, mon général, que je suis tout éperdu de joie, surtout depuis que ma chère femme a cessé de souffrir. Mais ce trouble où je suis est vraiment délicieux et, depuis que je vous écris, j'ai déjà quitté ma plume cinq fois pour aller voir respirer mon fils.

J'ai tenu à vous faire partager tout de suite notre grand bonheur.

Combien je regrette que votre goutte vous cloue à Paris.

J'attends ma mère qui doit être bien heureuse de la nouvelle.

Au revoir, mon général. Veuillez croire à ma vive et respectueuse affection. Avant de s'endormir, ma femme m'a bien recommandé de vous envoyer ses tendresses.

ROBERT DE SEILLAC.

Le général de Morduc au baron de Seillac.

Paris, le 8 mai 18 .

*Mon cher Robert,*

C'est à peine si je peux tenir une plume. Mais je veux essayer quand même de t'envoyer mes félicitations affectueuses. J'y ajoute mes bons souhaits pour ton fils, mes tendresses pour ta vaillante petite femme et un gros baiser sur son beau front. Je prolonge ce baiser sur les joues du petit gars.

Ton vieil ami, heureux de votre joie et qui t'embrasse.

MORDUC.


**Le baron de Seillac à Mademoiselle Lucy du Haut-Mont.**

Chambéry, le 9 mai 18  .

*Chère Mademoiselle,*

Ma femme veut que je vous écrive que son fils est superbe et qu'elle le nourrit.

En ce moment, elle déjeune de bon appétit, ma chère Laurence, et notre garçon dort à poings fermés sous la belle couverture, sur les beaux oreillers que vous lui avez envoyés.

Laurence est déjà entrée dans son rôle de mère. Mais je suis tout étonné qu'en ces premiers jours, les pères comptent pour si peu, aient du moins si peu à faire pour l'enfant. C'est au point que je suis très humilié de mon inutilité. « Le temps viendra pour toi aussi, » me dit Laurence, « pour le moment tu n'as qu'à l'aimer de toutes tes forces ». C'est ce que je faisais dès avant sa recommandation.

Dans cinq ou six jours, ma femme sera assez bien pour vous écrire elle-même ; elle me charge de vous annoncer cette lettre très prochaine.

Adieu, chère Mademoiselle. Madame de Brives et Laurence vous embrassent affectueusement. Veuillez offrir nos respectueuses amitiés à Madame du Haut-Mont et me croire votre ami très respectueux.

ROBERT DE SEILLAC.

## Mademoiselle du Haut-Mont à la baronne de Seillac.

Paris, le 11 mai 18  .

*Ma chère petite Laurence,*

Je ne veux pas attendre la lettre que m'annonce ton mari pour t'envoyer un tout petit mot.

J'aime déjà beaucoup ce jeune garçon qu'on dit si beau, et je suis bien contente du bonheur de ses parents.

La honte que Monsieur de Seillac nous exprime de son inutilité paternelle nous a bien amusées, maman et moi. Ce doit être drôle de voir le capitaine autour de ce berceau avec des mines inquiètes et des gestes maladroits inspirés par la crainte de briser le petit être adoré.

C'est à lui que j'aurais dû écrire, répondre. Mais excuse-moi auprès de ton cher capitaine. Je m'adresse à toi pour t'offrir nos services à Paris en l'absence de ta mère. Si tu avais besoin de quelque chose, nous nous mettrions très heureuses à ta disposition.

Monsieur de Seillac peut nous transmettre tes commandes; nous les ferons exécuter avec tout le soin possible.

J'avais gardé les nœuds bleus de ma dernière robe de bal pour le cas où Dieu te donnerait un fils. Je te les envoie aujourd'hui pour la toilette ou le berceau du jeune Monsieur de Seillac. Je les avais conservés avec un soin jaloux dans toute leur fraîcheur, et, comme on les a trouvés jolis, je voudrais que tu les utilisasses sur les petites robes blanches.

Toutes les tendresses de maman pour la charmante famille des Closettes. Moi j'embrasse mère et enfant bien fort, je serre avec amitié la main du père.

Ton amie,

LUCY.

**La baronne de Seillac à Madame du Haut-Mont.**

Chambéry, le 18 mai 18  .

*Chère Madame,*

Voulez-vous me permettre de demander à Lucy de tenir mon enfant sur les fonts baptismaux... si toutefois elle-même n'a rien à objecter contre les obligations de marraine dont nous voulons la charger?

Comme compère, nous lui choisirions le marquis de Saint-Fardy, capitaine au 8ᵉ cuirassiers ; c'est un gentilhomme dans l'acception véritable du mot, c'est le plus cher ami de mon mari.

Si vous et Lucy acceptiez, chère Madame, ce serait, en outre, une heureuse occasion pour nous de vous recevoir dans notre petit nid. Et vous qui appréciez si bien les beaux spectacles naturels, vous auriez quelque plaisir à visiter cet admirable pays de Savoie.

Je sais que vous m'aimez un peu et cela me fait espérer une bonne réponse. Je serais si heureuse que mon bébé eût ma chère Lucy pour marraine.

Adieu, chère Madame, je vous embrasse affectueusement. Hommages bien respectueux de mon mari.

LAURENCE DE SEILLAC.

*Ma chère Lucy,*

Les deux chères grand'mères disent qu'il est inutile de leur conférer un nouveau titre, celui de marraine, pour aimer et protéger leur petit-fils, mon père et mon frère pensent de la même façon.

Tous me disent que je puis lui assurer d'autres affections en dehors de la famille, car il est rare qu'on se désintéresse complètement d'un filleul.

Veux-tu que mon enfant soit ton fils spirituel? Nous te donnerions pour compère le plus cher ami de Robert, le marquis de Saint-Fardy, un capitaine aussi, qui est, comme mon mari, de la *vraie* race des chevaliers.

Notre fils portera les prénoms de Jean-Robert. Tu peux ajouter ceux que tu aimes, qui te sont chers.

Robert ne veut pas que je t'écrive longuement, il craint que je ne me fatigue. Et puis le petit s'éveille. Si tu savais comme on aime du plus profond de son cœur ces êtres frêles, ce petit morceau encore inconscient de notre chair. Être mère, c'est un divin bonheur; se sentir tout pour cette petite créature fragile, c'est une joie indicible, ineffable... Aucune ne la surpasse.

Réponds-moi tout de suite. Je compte assez sur ton affection pour espérer que tu accepteras.

Et je t'embrasse bien tendrement, ma chère Lucy.
Le père me charge de ses hommages.

A toi de tout cœur,

LAURENCE.

Merci pour les beaux nœuds bleus dont j'ai orné berceau, robes et capotes.

## Madame du Haut-Mont à la baronne de Seillac.

Paris, le 19 mai 18  .

*Ma chère Laurence,*

Vous avez bien pensé : je vous aime trop pour ne pas être heureuse qu'un lien nouveau se forme entre vous et ma fille.

Lucy sera la marraine de votre enfant. Elle en est bien joyeuse, très fière. Nous acceptons le compère choisi, nous fiant à votre jeune sagesse et au tact de Monsieur de Seillac.

Je serai certainement enchantée de connaître la Savoie, mais surtout de vous voir dans votre nid des Closettes.

Je vous embrasse bien des fois, ma chère enfant, car Lucy est impatiente d'envoyer à la poste notre double billet.

Je baise les joues roses de Bébé, j'envoie mille bonnes amitiés à son père.

Votre vieille amie,

EDER-HAUT-MONT.

*Ma Laurence,*

Que tu es bonne d'avoir pensé à moi. Je te remercie bien des fois de me donner cette nouvelle preuve d'affection.

J'ajoute, si tu l'approuves, aux noms de mon beau filleul, celui que portait mon père : Georges. Je serai donc aussi un peu la mère de ton enfant, si tu savais comme cela me paraît doux !

Je ne puis te dire beaucoup de choses aujourd'hui, j'apprête notre départ. Quelle joie de te voir, de connaître ton fils, de renouer connaissance avec Monsieur de Seillac.

Je t'embrasse avec une vive tendresse, ma Laurence, j'embrasse mille fois mon filleul. Mille sympathies à ton capitaine.

Ta LUCY.

## Le baron de Seillac au marquis de Saint-Fardy.

Chambéry, le 22 mai 18  .

*Mon cher Henri,*

Le père de ma femme m'a autorisé, m'a même
engagé à choisir le parrain de mon fils en dehors de
la famille. Il dit qu'il n'est nul besoin de créer entre
lui et mon fils un lien de plus, et il ajoute qu'un
jeune parrain est à rechercher parce qu'il pourra plus
longtemps être utile à son filleul.

Le frère de ma femme s'est également effacé. Le
titre d'oncle lui suffira.

Alors, j'ai pensé à mon ami le plus cher, au bon
camarade de mes jeunes années. Au cas où je parti-
rais avant que mon fils eût atteint l'âge d'homme, tu
pourrais aider les autres à le guider selon des idées,
des principes, des sentiments qui nous sont communs.
Je veux que tu aies sur lui une certaine autorité, le
titre de parrain te la conférerait.

En dehors de la parenté, je n'aurais voulu m'adresser à nul autre que toi. Je sais que tu accepteras avec
joie cette charge dont t'accable mon amitié.

Les femmes de la famille pensent comme les hommes. En conséquence, nous te donnons pour commère Mademoiselle Lucy du Haut-Mont, la meilleure
amie de ma femme ; une jeune fille sérieuse, simple
et charmante comme Laurence. Je te la destinais

comme demoiselle d'honneur, et tu la connaîtrais déjà si tu avais pu assister à mon mariage.

Notre fils s'appellera Jean-Robert-Georges. Ajoute à ces noms celui qui te plaira.

Le baptême aura lieu le 5 juin, avant que nous soyons pris tous deux par les exigences du service.

Tu trouveras ici un de nos plus aimables camarades, le capitaine Sodard qui vient d'achever un beau livre sur le Dahomey. Il sera enchanté de te revoir.

Ma femme te dit les meilleures choses. Je t'envoie toutes mes amitiés, mon cher Henri. Jean-Robert-Georges arrive sur les bras de sa mère. Il me regarde d'un air profond. Qu'est-ce qu'il veut me dire ? Peut-être devine-t-il que j'écris à son parrain: Si tu savais comme il est beau, fort, et comme on aime *cela*, ce petit-être, presqu'encore une petite *chose*.

A toi,

SEILLAC.

### Le marquis de Saint-Fardy au baron de Seillac.

Coulommiers, le 23 mai 18  .

*Mon cher Robert,*

Je te sais bien gré de m'avoir choisi. Je suis tout heureux d'être pour ton fils quelque chose de plus que je n'aurais été, malgré tout, sans ce titre de parrain.

Compte pour l'avenir, comme dans le présent, sur mon affection pour toi et les tiens. Le petit Jean-Robert-Georges auquel je donnerai, en outre, mon nom, sera aussi mon fils. A nous tous nous en ferons un honnête homme.

Je demande une permission de huit jours. J'arriverai la veille du baptême pour que vous me présentiez à ma gracieuse commère. D'ores et déjà, je la déclare charmante, puisqu'elle ressemble à son amie.

A bientôt. Mets-moi aux pieds de Madame de Seillac. Embrasse mon filleul bien doucement s'il dort. Je serre affectueusement tes deux mains dans les miennes.

A toi,

SAINT-FARDY.

*Faire-part de naissance :*

Le baron de Seillac, capitaine au 40ᵉ bataillon de chasseurs à pied, et la baronne de Seillac, ont la joie de vous faire part de la naissance de leur fils Jean-Robert-Georges-Henri.

Les Closettes, Chambéry, le 6 mai 18  .

*Réponses au faire-part, cartes de visite :*

**Le commandant Poindron et Madame Poindron**

Félicitations aux heureux parents. Longue vie à bébé.

**Madame Lheureux**

avec l'expression de sa sympathie pour la jeune maman et Monsieur de Seillac. Mille bons vœux pour le petit Jean.

### L'abbé Seuillot

#### Curé de SEILLAC

envoie mille bénédictions à l'enfant et l'expression de son amitié en Dieu aux parents.

### Madame de Réval et Mademoiselle de Réval

embrassent le bébé et envoient toutes leurs sympathies à ses parents.

### Madame de Saint-Point

Remercie Madame de Seillac de son aimable envoi. Les délicates dragées lui paraissent d'autant plus délicieuses qu'elles témoignent d'une gracieuse pensée de la plus charmante des femmes.

Baisers à bébé. Sympathies très vives à son père et à sa chère maman.

## Mademoiselle Louise Salluste à la baronne de Seillac.

Aix-en-Savoie, le 8 juin 18  .

*Madame,*

Papa vient de m'apporter la boîte de dragées que vous lui avez envoyée pour moi. Je vous remercie bien des fois, Madame, d'avoir pensé à votre petite amie.

Je voudrais être de retour à Chambéry pour voir le petit Jean. Je l'aime déjà bien et je l'amuserai quand papa me conduira aux Closettes.

Papa me dit qu'il est déjà plus gros que ma grande poupée. Je voudrais savoir s'il a de beaux yeux comme les vôtres. J'aime tant quand vos yeux me regardent.

J'apprends à coudre et je veux faire un tablier au petit Jean. Je sais que vous ne vous moquerez pas de moi si les points sont trop grands.

Je vous embrasse bien fort, Madame, comme je vous aime. Embrassez votre petit garçon pour moi et donnez une poignée de main de ma part à Monsieur de Seillac.

Votre petite amie bien tendre,

LOUISETTE.

Papa vous envoie à tous ce qu'il a de meilleur dans le cœur.

### Le marquis de Saint-Fardy au baron de Seillac.

Coulommiers, le 30 juin 18  .

*Mon cher Robert,*

En ces quelques jours passés dans ton doux intérieur, j'ai compris où se trouve le bonheur, je l'ai
touché du doigt.

Une femme comme la tienne et un enfant, c'est le
cercle qui contient toutes les joies.

Je veux être heureux, moi aussi. Tu avais raison
de me dire que l'amie de Madame de Seillac lui ressemble. Elles ont entre elles beaucoup d'analogie,
elles sont également délicieuses.

Aussi, je me confesse : j'ai été profondément,
doucement impressionné — et je me suis confié à
mon père qui m'approuve.

Crois-tu que je puisse espérer un bon accueil de
la mère de Mademoiselle du Haut-Mont, si je lui
demande sa fille en mariage? Madame de Seillac,
qui est si gracieusement bonne, ne pourrait-elle
savoir, puis me dire si je n'ai pas déplu à son
amie ?

Tu connais ma situation de fortune, ma famille
avec ses tenants et ses aboutissants. Penses-tu que
je puisse réussir? Je vais attendre une réponse, le
cœur battant de crainte et d'impatience.

Ah ! mon ami, je souffrirais déjà beaucoup s'il me

fallait renoncer à la chère espérance qui est née dans mon cœur.

Je remets mon bonheur entre vos mains.

Mes hommages respectueusement affectueux à la plus charmante des jeunes mères, un gros baiser au petit Jean.

Et cordiale poignée de main pour toi, mon cher Robert.

SAINT-FARDY.

## La baronne de Seillac à Madame du Haut-Mont.

Chambéry, le 3 juillet 18  .

*Chère Madame,*

Il s'est produit ce que nous espérions, je vous l'avoue, et attendions, Robert et moi.

Ma chère Lucy n'a pu être vue, connue, appréciée par Monsieur de Saint-Fardy sans lui inspirer une sympathie profonde. Il l'écrit aujourd'hui à mon mari, il se demande, non sans trouble et tremblement, si vous voudrez bien l'agréer comme prétendant, si Lucy ne le repoussera pas.

Cette question, je n'ai pas voulu l'adresser directement à Lucy : si grande, si ancienne que soit mon affection pour elle, j'aurais peur de vous offenser si je ne faisais passer par vous cette délicate confidence. C'est vous qui sonderez le cœur de Lucy, dans le cas où la fortune de Monsieur de Saint-Fardy et sa généalogie, dont mon mari vous fait l'exposé, pourraient suffire à votre ambition.

J'ajoute que Monsieur de Saint-Fardy me paraît digne de Lucy ; tout ce que mon mari m'a dit de lui, le jugement que j'ai pu porter moi-même pendant son séjour à Chambéry me fait croire que, pourvu de tant de qualités sérieuses et aimables, il fera un mari excellent.

Adieu, chère Madame. Petit Jean réclame sa nourrice. Embrassez bien Lucy pour moi et pour son filleul.

Je vous embrasse de tout mon cœur.

Yours respectfully,

LAURENCE DE SEILLAC.

*Chère Madame,*

Mon ami Saint-Fardy — que je n'ai plus à vous présenter — n'a pas rencontré Mademoiselle du Haut-Mont sans comprendre ce qu'elle vaut.

Il m'a chargé de vous pressentir au sujet d'une demande en mariage que son père, prévenu par lui, est tout prêt à vous adresser officiellement.

Son nom est trop connu, trop illustre pour que j'aie besoin de m'étendre sur cet avantage que possède mon ami. Voici, d'ailleurs, ci-joint, un rapide aperçu de sa généalogie, de ses alliances.

Il est fils unique. Sa fortune actuelle, qu'il tient du chef de sa mère, morte en le mettant au monde, s'élève à vingt mille livres de rente. Elle s'augmentera considérablement, quand il sera appelé à recueillir l'héritage de son père.

Je ne connais pas de caractère plus loyal que celui de mon ami; pas de nature meilleure, de cœur plus chaud; d'officier plus méritant que lui.

Prononcez vite sur son sort, chère Madame, car vous voyez que l'attente lui est déjà douloureuse.

Puisse Mademoiselle du Haut-Mont lui être favorable! Elle est si digne de lui que je souhaite ardemment qu'il lui ait inspiré un peu de sympathie.

Veuillez agréer, chère Madame, pour vous et pour Mademoiselle du Haut-Mont, l'hommage de mon affectueux respect.

R. DE SEILLAC.

## Mademoiselle du Haut-Mont à la baronne de Seillac.

Paris, le 7 juillet 18 .

*Chère bien-aimée Laurence,*

Maman me charge de répondre moi-même à ta bonne lettre. Elle me l'a lue avec celle de ton mari, après s'être assurée, avec beaucoup de diplomatie, que je n'éprouvais aucun éloignement pour votre ami.

J'ai jugé Monsieur de Saint-Fardy tel que vous le dépeignez, et je veux te dire franchement que je suis heureuse de lui avoir inspiré assez de confiance pour m'offrir de porter son nom.

Maman va écrire à Monsieur de Seillac. Elle autoriserait dès maintenant Monsieur de Saint-Fardy à lui demander sa fille, si cette fille ne désirait revoir plusieurs fois Monsieur de Saint-Fardy avant de mener les choses plus loin.

Il y aurait ceci de charmant dans ce mariage, c'est qu'il serait un lien de plus entre nous.

Je t'embrasse bien des fois, ma Laurence. Baise les beaux yeux de mon petit Jean et serre pour moi, d'une bonne étreinte, la main de ton excellent mari.

LUCY.

*Cher Monsieur,*

L'affection que vous portez à Monsieur de Saint-Fardy me fait concevoir une haute idée de sa valeur morale.

Ma fille me parlait déjà de lui de façon à me faire comprendre qu'elle appréciait son caractère et son esprit.

Elle désire le connaître un peu plus avant de se prononcer. Coulommiers est heureusement peu éloigné de Paris; nous prendrons prétexte de nos réceptions pour le recevoir le plus souvent possible. Comme beaucoup de nos connaissances, nous ne ferons, par ce vilain été pluvieux, que de courts et rares séjours à la campagne.

J'ai très bon espoir pour votre ami, je crois que son père pourra nous adresser une demande en règle dans quelques mois.

La situation de fortune dépasse celle que j'ambitionnais pour ma fille. Quant au nom, je n'en pouvais souhaiter de plus haut, de plus grand, puisque, dans tous les siècles, il a signifié honneur.

Merci, cher Monsieur, d'avoir désiré ce qui arrive de concert avec notre aimable et bonne Laurence. Croyez tous deux à ma vive affection reconnaissante. Si le petit Jean est éveillé, embrassez-le pour sa vieille amie.

EDER-HAUT-MONT.

**Le baron de Seillac au marquis de Saint-Fardy.**

Chambéry, le 9 juillet 18  .

*Mon cher Henri,*

Madame du Haut-Mont, sur l'exposé que je lui ai fait de ta fortune, sur ce qu'elle connaît de ta famille et de ton caractère, t'autorise à venir dans sa maison, afin que sa fille te connaisse un peu plus, avant de pousser les choses plus loin.

Tu recevras très prochainement une invitation à te présenter au « jour » de Madame du Haut-Mont. Elle ne quittera presque pas Paris pendant cet été.

Le rôle de ton père commencera bientôt, je le devine.

Nous sommes enchantés, ma femme et moi, que tu réalises le grand et secret désir que nous avions, ma femme et moi, de te voir épouser Mademoiselle du Haut-Mont. Elle te rendra heureux et, de ton côté, tu en feras une heureuse femme. Nous avons donc bien souhaité ce mariage, qui est, en outre, destiné à resserrer l'amitié qui existe entre Mademoiselle du Haut-Mont et nous, entre toi et nous.

Tu te fais donc une idée de la joie avec laquelle je t'écris. Merci pour tout ce que tu nous dis de bon et d'affectueux. Bientôt toi aussi tu connaîtras ce vrai, ce simple, ce doux bonheur. Ma femme est tout excitée de plaisir, voyant que nos machiavéliques projets ont abouti, que le rapprochement de deux belles natures a eu le résultat souhaité.

Ton filleul pousse comme un champignon. Il n'est plus aussi tranquille que pendant ton séjour. Le mâtin ! il empêche souvent son père de dormir et fatigue aussi sa petite mère, qui ne veut pas convenir des défauts de son fils.

Au revoir, cher Henri. Toutes mes félicitations, toute mon affection, avec une vigoureuse poignée de main.

SEILLAC.

*Cher Monsieur,*

Il faut que j'ajoute un mot à cette lettre qui n'est pas complète, le mot que vous cherchez avec anxiété, que Robert me laisse le plaisir de vous écrire.

Ma chère Lucy a remarqué votre mérite, votre caractère lui plaît, vous lui êtes sympathique. Elle éprouvera bientôt un sentiment plus vif.

Ne vous effrayez pas de la sage décision qu'elle a prise de vous revoir, de vous connaître un peu mieux avant la déclaration des fiançailles. Vous vous aimerez bien mieux, ayant pu réciproquement vous apprécier, au moment d'entrer dans la grave et douce vie à deux.

Bon espoir. Tous mes vœux et toutes mes amitiés, avec un baiser du petit Jean.

L. DE SEILLAC.

### Le duc de Saint-Fardy à Madame du Haut-Mont.

Blois, le 1er octobre 18  .

*Madame*,

Vous avez bien voulu recevoir mon fils en votre maison, depuis quelques mois, vous avez même eu la bonté de lui témoigner une certaine sympathie.

Votre bon accueil lui donne la hardiesse de demander en mariage Mademoiselle votre fille, vers laquelle il a été attiré dès leur première rencontre chez Monsieur et Madame de Seillac. Ce sentiment vif et profond a toujours augmenté.

Je serais très honoré et très heureux, Madame, si la demande que je vous fais pour mon fils était agréée par vous et par Mademoiselle du Haut-Mont. Je veux espérer — pour le bonheur de mon fils, que vous nous donnerez une réponse favorable. Monsieur de Seillac vous a déjà un peu renseignée sur notre compte. Mon notaire à Paris (Me X..., rue ..., n° ...) a reçu mes instructions et communiquera au délégué que vous choisirez toutes les pièces qui pourraient vous éclairer au sujet de ma fortune.

Veuillez, Madame, agréer pour vous et pour Mademoiselle du Haut-Mont l'expression de mon très profond respect.

DUC de SAINT-FARDY.

## Madame du Haut-Mont au duc de Saint-Fardy.

Paris, le 6 octobre 18 .

*Monsieur le duc,*

Monsieur et Madame de Seillac nous avaient parlé de Monsieur votre fils de manière à nous le faire estimer et aimer dès avant même de le connaître tout à fait. Les excellents rapports que nous avons eus avec lui n'ont fait qu'augmenter la sympathie que nous avons tout de suite éprouvée — et ma fille est heureuse de sa recherche.

Notre fortune est moins considérable que la vôtre, Monsieur. Je donne à ma fille trois cent mille francs de dot, ayant l'intention de vivre plus retirée après son mariage. Notre nom est sans tache, mais il est moins illustre que le vôtre.

Ces considérations que le ménage de Seillac a porté à la connaissance de Monsieur votre fils, ne l'ayant point arrêté dans ses projets d'alliance, je le recevrai donc désormais au titre de fiancé de ma fille. Et nous fixerons avec vous l'époque du mariage au temps qui sera le plus convenable, en ce qui concerne les exigences du service militaire.

Veuillez, Monsieur le duc, me croire personnellement heureuse de l'union qui se prépare et recevez, je vous prie, l'expression de mes sentiments les plus distingués.

EDER-HAUT-MONT.

**La baronne de Seillac à Madame de Brives.**

Chambéry, le 15 janvier 18  .

*Ma mère chérie,*

Faut-il que cette chute que j'ai faite me retienne sur ma chaise et m'empêche d'accourir près de toi, dans un pareil moment. Pour te consoler, pour revoir encore une fois les traits de ma grand'mère bien-aimée.

Je sais que tu aurais eu tant besoin de moi; moi, j'aurais tant voulu mêler mes larmes avec les tiennes.

Ce qui doit, mère chérie, adoucir un peu ton chagrin, comme le mien en a été adouci, c'est de penser que ta chère mère s'est éteinte sans souffrance, sans le savoir, dans le calme du sommeil. Dieu lui a fait une grande grâce en la retirant ainsi de la vie; elle appréhendait un peu la mort, ma pauvre chère grand'mère, parce que c'était la séparation d'avec nous.

Pleure, ma mère chérie, mais pense à tous ceux qui te restent, qui te consoleront en t'aimant plus encore, pour te remplacer la grande tendresse que tu as perdue... qu'ils ont tous perdue.

Embrasse une dernière fois pour moi le beau front si noble de ma bonne grand'mère. Mets auprès d'elle ces cyclamens qui ont fleuri dans ma petite serre, et que Robert te porte, avec tous mes baisers et ceux de ton petit Jean qui te tend les bras.

Embrasse bien papa pour sa fille et son petit-fils. Roger pourra-t-il arriver à temps ?

Ta fille respectueuse qui t'aime encore plus aujour-d'hui.

LAURENCE.

### Laurent au baron de Seillac.

Seillac, le 15 avril 18 .

*Monsieur le baron,*

Madame la baronne, qui se portait très bien hier, est tombée sans connaissance tout à l'heure en traversant la grande cour. Solange m'a appelé. Nous avons transporté Madame la baronne dans sa chambre. Elle s'est un peu remise et j'en ai profité pour aller chercher le docteur Toussaint à Périgueux. Il dit ne pouvoir encore se prononcer sur la maladie de Madame, mais j'aime mieux vous prévenir tout de suite. J'aurais consulté M. le curé avant de vous écrire, s'il n'était parti en voyage pour quelques jours.

10

Je vous enverrais un télégramme en cas d'aggravation, mais peut-être partirez-vous pour Seillac au reçu de ma lettre. Mais soyez tranquille, nous soignons Madame comme vous la soigneriez vous-même.

Veuillez, Monsieur le baron, recevoir l'expression du respectueux dévouement de votre vieux et attaché

LAURENT.

Je salue bien Madame la baronne et j'embrasse Monsieur Jean.

*Télégrammes :*

**Baron de Seillac à Laurent, à Seillac.**

J'arrive. Prépare ma mère pour que son émotion ne soit pas trop forte. Amitiés.

SEILLAC.

### Baron de Seillac à baronne de Seillac.

Ma pauvre mère est morte ce matin dans mes bras. M'a reconnu. Je t'embrasse et Jean.

SEILLAC.

### Baronne de Seillac à baron de Seillac.

Je conduis Jean à maman et arrive près de toi, mon pauvre ami. Tendresses.

LAURENCE.

### Baronne de Seillac à Madame de Brives.

Mère de Robert vient de mourir. T'amène Jean. Tendresses.

LAURENCE.

### Le baron de Seillac au général de Morduc.

*Mon général,*

Je ne veux pas que vous appreniez, par un télégramme saisissant, encore moins par une banale lettre de faire part, la grande perte que nous venons de faire.

Ma chère mère est morte ce matin entre mes bras, après quelques jours de souffrance. Je m'estime encore heureux d'avoir pu la revoir vivante, d'avoir reçu son dernier regard, de lui avoir donné un dernier baiser.

Vous qui connaissiez bien les douces vertus, les hautes qualités de ma mère, vous qui savez ce qu'elle a été pour moi : si tendre et si ferme, si affectueuse et si énergique, vous vous rendrez compte du coup douloureux qui m'est porté, vous saurez combien profondément je suis atteint.

Tout le pays la pleure. Notre fortune était modeste, mais cependant ma chère mère, ingénieuse dans sa charité, parvenait à faire beaucoup de bien. On l'aimait pour cette sympathie qu'elle prodiguait à tous. N'avait-elle pas un sourire pour tous les bonheurs légitimes ? le malheur, fût-il mérité, ne mettait-il pas une larme dans ses yeux si doux, si beaux.

Ma femme arrive demain. Elle ne veut pas me laisser seul en ce moment. Elle sait, la chère créature, que j'ai besoin de toute sa tendresse, que si

grande que soit mon affection pour elle, un vide
terrible s'est soudain creusé dans ma vie.

Adieu, mon général, la vie est cruelle. Vous aussi
vous perdez une précieuse amie, ma chère mère
vous aimait tant.

Je vous prie de croire à mon vif et respectueux
attachement. J'ai besoin de toute votre amitié.

SEILLAC.

## Le général de Morduc au baron de Seillac.

Seillac, le 20 avril 18 .

*Mon cher enfant,*

J'ignorais qu'il restât des larmes au fond de mon
vieux cœur. Et voilà que je pleure comme un enfant,
en pensant que je ne recevrai plus les lettres si
exquisement affectueuses de celle qui a donné tant
de bonheur à l'homme que j'ai le plus aimé en ce
monde.

C'était ma sœur, comme il a été mon frère, et
j'avais espéré que, jusqu'à mon dernier jour, ma vie
serait embellie par cette pure tendresse de femme.

Mais je ne pense qu'à moi, égoïste ! Mon pauvre

10.

enfant, je me figure le déchirement de ton cœur. Un fils tel que toi ne saurait oublier une mère comme elle. Oh ! c'était le charme en personne : elle était bonne encore plus qu'intelligente et spirituelle, sa distinction sans rivale prenait sa source dans la grâce et le naturel.

Je n'ai vu ta jeune femme que peu de fois, c'est vrai, mais ta chère mère m'a longuement parlé d'elle. Elles ont ensemble de vrais points de ressemblance. J'ai toujours pensé que cette ressemblance avait guidé ton choix. Elle saura, ta Laurence, te consoler sans faire disparaître de ton souvenir la douce image.

Lorsque vous reviendrez à Paris, vous me donnerez quelques jours, pour adoucir mon chagrin par votre présence. J'ai besoin de détails que je ne veux pas te demander de m'écrire. Amenez-moi votre petit garçon.

Ah ! quelque chose s'est brisé en moi en apprenant cette perte si inattendue, si prématurée.

Je t'embrasse avec une vive tendresse, fils de mon ami le plus cher. Dépose sur le cercueil de ta mère les roses que je t'envoie avec mille regrets de ne pas les porter moi-même. Tendres respects à ta femme.

Ton vieil ami qui te serre dans ses bras,

MORDUC.

### Madame de Brives au baron de Seillac.

Paris, le 21 avril 18  .

*Mon cher Robert,*

Laurence vient de partir pour Seillac avec son père, et moi, qui garde votre petit Jean, je vous écris avec des larmes plein le cœur, car je sais combien profonde est votre douleur et à quel point votre incomparable mère méritait votre amour.

Puisse ma chère Laurence vous consoler à force de tendresse ! Elle va vers vous, bien triste mais courageuse, elle sent combien elle va vous être nécessaire, et qu'elle seule peut vous rendre un peu moins cruelle la disparition de celle qui tenait justement une si grande place dans votre vie.

Votre enfant comblera un peu, lui aussi, ce vide que la mort a creusé. Il est fort, il est beau, il n'a pas souffert du voyage. Mais il cherche sa mère, je le vois bien. Il faudra venir l'embrasser, dès que cela vous sera possible.

Adieu, mon cher Robert, je ne vous ai jamais tant aimé qu'aujourd'hui. Je vous embrasse de tout mon cœur. Embrassez ma fille pour moi. J'écris à mon mari.

SERGINES-BRIVES.

## Le baron de Seillac à Mademoiselle de la Tombelle.

Seillac, le 20 avril 18  .

*Ma chère cousine,*

Je viens de fermer les yeux de ma mère. Elle dort là, près de moi, du grand sommeil...

Est-ce bien possible, mon Dieu? Elle m'a été enlevée en quelques jours. C'est miracle que j'aie pu arriver à temps pour l'embrasser, pour voir son dernier sourire. Oh! ma cousine, je souffre bien. Et encore je puis à peine me persuader que c'est vrai, que c'est arrivé. Si vous la voyiez, toujours belle et si sereine! Ne plus entendre jamais sa voix, ne plus être jamais caressé par son beau regard, moi qui croyais l'avoir à moi pour si longtemps encore.

Elle aura à peine connu mon fils, qu'elle aimait déjà d'une ardente tendresse.

J'attends ma chère femme qui veut venir pleurer avec moi.

Adieu, ma chère cousine, comment vous trouvez-vous en ce moment? Je voudrais avoir de bonnes nouvelles de votre santé. Veuillez agréer l'expression de mon attachement respectueux et dévoué.

Ma chère morte vous aimait et vous appréciait tant!

Votre cousin,

ROBERT DE SEILLAC.

## Mademoiselle de la Tombelle au baron de Seillac.

Limoges, le 21 avril 18  .

*Mon cher Robert,*

Toute bouleversée par cette nouvelle si inattendue, je suis près de vous, avec vous dans ce deuil dont je sens toute la profondeur. La femme exquise rappelée par Dieu était un centre pour bien des cœurs. Et quelle mère pour vous, mon pauvre Robert ! Sa tendresse était d'autant plus ardente que ses plus belles espérances et ses meilleures affections reposaient sur vous seul. Mais elle savait aimer les autres aussi, et les consoler et leur embellir la vie.

Votre jeune femme est, grâce à Dieu, de la même race d'âmes, et si je n'espère pas que vous oublierez cette mère adorable, si je ne veux pas que vous l'oubliiez, j'éprouve une sorte de soulagement en pensant que cette autre belle et sainte tendresse pourra vous consoler dans cette détresse où je sais que vous vous trouvez.

Quels vifs regrets ma chère cousine laissera à tous ceux qui l'ont connue, approchée, ne fût-ce qu'une fois. Je ne puis penser que je ne la verrai plus sans fondre en larmes. Et cependant, je suis si étourdie de ce coup inattendu que je ne puis croire à la réalité cruelle.

Je vous plains de toute mon âme, mon cher Robert.

Et je ne puis aller auprès de vous, mes infirmités me privent de cette joie douloureuse. Mais je viens de couper mes fleurs les plus belles pour la chère morte que je pleure avec vous. Ma jeune cousine, que j'embrasse, lui en tressera une couronne.

Croyez à mon affection qui ne fut jamais si vive.

Votre cousine,

BÉRANGÈRE DE LA TOMBELLE.

**Roger de Brives au baron de Seillac.**

.... Allemagne, le 21 avril 18  .

*Mon cher Robert,*

Le télégramme de Laurence m'annonçant la mort de votre mère, m'a ému au delà de toute expression. C'est si brusque, si inattendu, si prématuré! Je sais si bien quelle douleur doit vous étreindre, puisque je vous ai vu auprès de celle qui vient d'être enlevée si soudainement à votre affection, puisque la connaitre c'était comprendre à quel point on pouvait l'aimer.

Laurence est désolée, mais je sais qu'elle sera forte pour vous consoler et qu'elle va vous aimer doublement pour vous remplacer un peu la tendresse qui vous manque.

J'aurais voulu être en France, je ne puis obtenir de congé pour l'instant. Mais dans un mois, j'irai vous embrasser tous.

Embrassez Laurence pour moi et croyez, mon cher Robert, à toute l'affectueuse sympathie de votre frère

ROGER DE BRIVES.

*Réponse au faire-part de mort, cartes de visites :*

**Madame Frappont**

apprend la triste nouvelle avec une vive émotion. Elle exprime à Monsieur et à Madame de Seillac sa douloureuse sympathie et ses affectueux sentiments.

**Le colonel de Braquemont et la baronne de Braquemont**

qui gardent un ineffaçable souvenir de la baronne douairière de Seillac, envoient à ses enfants toutes leurs sympathies les meilleures.

### Mademoiselle de Constelle

qui se souvient du charme exquis de la baronne douairière de Seillac, prie ses enfants de croire à la part douloureuse qu'elle prend au grand malheur qui les frappe.

### Le lieutenant-colonel Figrat

envoie au capitaine et à Madame de Seillac l'expression de toute sa sympathie et de son affection sincère.

### Le baron de Seillac au général de Morduc.

Seillac, le 30 avril 18 .

*Mon général,*

Comme je vous remercie de votre lettre affectueuse pour moi... et pour celle qui n'est plus là.

Vos fleurs ont eu la première place sur son cercueil et j'ai détaché la plus belle rose de cette merveilleuse couronne pour la mettre dans sa main.

Permettez-moi de vous adresser un souvenir de ma chère mère, l'encrier où, si souvent, elle trempa sa plume pour écrire à l'ami, au frère d'élection de celui qu'elle avait tant aimé, au second père de son fils. Jamais elle n'a oublié que vous avez dirigé ma vie, que vous m'avez donné, prêchant d'exemple, tant de leçons d'honneur.

Nous vous ferons certainement une visite de quelques jours, très prochainement. Moi aussi, j'ai besoin de vous voir, de causer d'elle avec vous, qui l'avez si bien connue et comprise.

Ma chère Laurence vous remercie de la juger pareille à celle que nous pleurons. Elle dit qu'elle n'a jamais ambitionné un tel éloge et, dans sa modestie, elle se défend de le mériter. Mais, moi, je sais bien qu'il n'est pas exagéré.

Adieu, mon général. A bientôt. Qu'il me sera douloureux de quitter cette vieille maison, où il me semble que je laisserai une partie de moi-même.

Tout mon affectueux respect et les tendresses de ma femme.

SEILLAC.

### La baronne de Seillac à Madame de Brives.

Seillac, le 3 mai 18 .

*Chère mère,*

Nous quitterons Seillac demain.

Tu ne saurais croire comme il est triste de ne plus voir aller et venir, en sa gracieuse activité, la mère de mon cher Robert; de ne plus entendre sa voix douce et sonore ; de fermer ce vieux logis vide de son âme. Elle avait su imprimer aux choses un peu de son charme inexprimable.

Robert a été très touché de la visite de papa. Ce pauvre père, qui est reparti tout de suite après les obsèques, qui a passé deux nuits en wagon, n'a-t-il pas été trop fatigué? Je lui sais bien gré, moi aussi, de cette preuve d'affection donnée à mon cher mari.

Roger a écrit à Robert avec beaucoup d'amitié.

J'irai donc, chère maman, te reprendre après-demain mon petit Jean. Robert a besoin de revoir son fils, j'espère que mon cher bijou aura été sage, ne t'aura pas trop fatiguée ; nous passerons seulement deux jours avec vous; le bon général nous réclame et la permission de mon mari expire dans six jours.

Je te donnerai mille détails que j'ignorais, que j'ai appris du vieux Laurent, qui montrent à quel point Madame de Seillac était de nature délicate et élevée. On l'adorait, on la vénérait ici, où elle faisait tant de bien quoiqu'elle ne fût guère riche. Les hommes les plus frustes subissaient le doux ascendant de cette femme d'élite... à laquelle ressemble tant une autre mère chérie.

La peine de Robert est profonde. Je tâche de l'adoucir. Je redouble de tendresse et de soins, j'essaie de calmer sa détresse, de combler le vide qui s'est tout à coup creusé dans sa vie. Il est bien sensible à mon désir de le consoler. Tous les arbres sont couverts de fleurs et cela le fait pleurer, il se souvient que sa mère adorait le printemps.

Nous reviendrons ici tous les deux ans. Comme le premier retour sera triste !

Adieu, je t'embrasse mille fois, mère chérie. Embrasse bien pour moi mon bon père et mon cher petit Jean. S'est-il un peu aperçu de mon absence ?

Toutes les affections de Robert, à tous.

Ta fille respectueuse qui t'aime,

LAURENCE.

**La baronne de Seillac à l'abbé Seuillot, curé de Seillac.**

Seillac, le 2 mai 18  .

*Monsieur le curé,*

Voulez-vous nous faire la grâce, avant que nous quittions Seillac, de venir dîner avec nous, pour vous retrouver, encore une fois, dans cette maison qui va rester longtemps fermée, et où vous étiez si justement estimé et aimé.

Mon mari vous saura très grand gré d'accepter, vous parlerez avec lui de sa chère mère.

Nous voulons aussi vous prier de choisir un objet ayant personnellement appartenu à celle qui connaissait si bien la noblesse de votre caractère, la grandeur de votre cœur et votre admirable charité.

Excusez-nous, Monsieur le curé, de n'aller pas nous-mêmes vous porter notre invitation. Mon mari range et classe ses papiers de famille et la correspondance de sa mère. Moi, je remets un peu d'ordre dans ce logis bouleversé par la mort.

Mon mari et moi nous vous prions, Monsieur le curé, de recevoir l'expression de notre très affectueux respect.

BRIVES-SEILLAC.

## La baronne de Seillac à M. de Brives.

Lyon, le 15 janvier 18  .

Bonne fête d'anniversaire, cher papa, bonne santé ; longues, longues années, pendant lesquelles nous t'aimerons toujours plus.

Ta fille et les siens auraient bien souhaité être auprès de toi demain. Je sais que la fête aurait été plus complète pour maman et pour toi. Mais ma petite Jozette est trop fragile pour que j'aie osé l'exposer à ce grand froid, et le médecin veut aussi que je ménage la nourrice que je suis.

Heureusement vous avez Roger. Je suis bien contente que son congé coïncide avec cette chère date que nous voyions arriver avec tant de joie, quand nous étions petits tous deux. Ma chère maman nous enseignait si bien à t'aimer, elle nous faisait comprendre ta bonté et ton dévouement, que j'apprécie mieux encore depuis que j'ai moi-même des enfants. C'est à elle que je dois de ne trouver de bonheur que dans les affections de famille, et de savoir que les joies qu'on partage avec les siens sont les seules joies douces.

J'essaierai d'inculquer ces principes à mes enfants qui, eux aussi, ont le grand bonheur d'avoir un père excellent.

Je pense donc beaucoup à toi, cher papa, qui nous

fait la vie si facile et si agréable, comme me le répétait souvent maman. Et je te dis merci dans mon cœur pour toute la tendresse que tu m'as donnée.

Annonce à maman, pour le dîner de demain, une bourriche qui contient un lièvre de pays, des truffes blanches de Piémont et un fromage de Moutiers que tu as trouvé bon. Dans une petite boîte, j'ai enfermé un porte-plume fait d'une plume d'aigle, pour les jours où tu nous écris.

Jean noue ses petits bras autour du cou de « grand-pé et de grand'mé ». Il est très beau, très rose, très éveillé. Ma petite Jozette vient de sourire en dormant. Ce sourire je vous l'envoie. Je suis sûre qu'il est pour vous.

Au revoir, mon cher papa, je t'embrasse avec une grande tendresse reconnaissante. Embrasse bien des fois. ma chère maman et mon Roger pour moi.

Ta fille respectueuse qui t'aime,

LAURENCE.

*Mon cher beau-père,*

Je vous souhaite une bonne santé et de très nombreux anniversaires, pour la plus grande joie de tous les vôtres.

Je suis de plus en plus heureux et c'est peut-être

le jour de vous remercier encore une fois de m'avoir donné Laurence.

Les enfants poussent comme des champignons, mais ils ont la mère la plus attentive et la plus dévouée.

Bonne fête et croyez, je vous prie, mon cher beau-père, à mon vif et respectueux attachement.

SEILLAC.

Je baise affectueusement les mains de Madame de Brives et j'envoie mille bons souvenirs à Roger.

**Le baron de Seillac à la baronne de Seillac.**

Camp de Satory, 24 avril 18 .

*Ma bien-aimée Laurence,*

Pour la première fois depuis huit ans, je passerai seul cet anniversaire béni. Notre éloignement l'un de l'autre en cette journée me sera très pénible, je sais que tu en souffriras aussi.

Il est impossible d'obtenir la plus courte permission. Et j'aurais tant voulu courir vers toi. J'aime tant à te dire mon amour et ma gratitude, douce fée qui m'entoures de tant de paix, de tendresse et de bonheur; mère attentive et dévouée de mes beaux enfants.

Ma chère femme aimée, je t'envoie d'ici toute l'affection dont mon cœur déborde et mes regrets de ne pouvoir demain te saisir dans mes bras, comme le premier jour où tu devins mienne. Cette journée est si bonne à passer dans le nid tiède et moelleux que tu fais à ton mari et à tes enfants.

Es-tu content de notre Jean, travaille-t-il un peu? Et ma chère petite Jozette, pense-t-elle à papa?

Je t'envoie des violettes des bois que j'ai cueillies tout à l'heure en pensant à toi. J'y ai ajouté des anémones sylvie que tu aimes tant. Les enfants trouveront au fond de la caisse des gâteaux qu'on dit très bons. N'oublie pas de visiter les deux coins à droite où j'ai déposé quelque chose encore avec mille baisers tendres.

Profite de ton séjour à Paris pour aller à l'Opéra. Dans notre vie errante, tu as si peu souvent l'occasion de satisfaire ta passion pour la grande musique. Tu peux te reposer sur la femme de chambre de Madame de Brives pour veiller sur les enfants en ton absence, tu sais que ta confiance en elle est bien placée.

As-tu vu Madame Arnal? Dis-lui bien que son fils a une conduite excellente, qu'il passera caporal en juillet, que c'est un plaisir pour des officiers d'avoir sous leurs ordres un aussi bon soldat, un aussi brave garçon. On l'enverra en permission à la Pentecôte.

— Quant au neveu de Mademoiselle de Martot, je n'en dirai pas autant. C'est un jeune fou et malgré tout mon bon vouloir à son égard, je suis forcé de le tenir très sévèrement.

Quelques années de service lui feront grand bien, en ce sens qu'il quittera le régiment un peu assagi, certainement. Ton père ne sera pas surpris de ce que je t'écris là.

Au revoir, ma Laurence bien-aimée. Je serai bien heureux de me retrouver avec toi et avec nos enfants. Je vous prends tous les trois dans mes bras et je vous embrasse encore mille fois-et bien tendrement.

Mes très affectueux souvenirs à ton père. Je baise les belles mains de Madame de Brives.

ROBERT.

11.

### La baronne de Seillac au baron de Seillac.

Paris, le 25 avril 18  .

*Mon cher Robert,*

Tu as bien deviné en pensant que cette chère journée me paraîtrait longue à passer loin de toi, nous nous sommes fait une habitude si douce de nous la consacrer l'un à l'autre.

Mais par la pensée, comme cela m'arrive du reste tous les autres jours, je ne t'aurai pas quitté un seul instant.

Merci pour tout ce que tu me dis de tendre et de bon. Quel plus grand bonheur pourrais-je ambitionner que celui de te rendre heureux? Et ce bonheur ne me le rends-tu pas en m'entourant d'une affection si vraie et si forte que, dans tes bras, je ne crains rien au monde?

J'ai reçu ta petite caisse avec une joie très vive. J'ai baisé les violettes parfumées et les frêles anémones, ton gracieux bouquet d'anniversaire. J'ai visité les petits coins, la jolie bague! où as-tu découvert cela? Cet émail est un pur chef-d'œuvre. L'épingle est ravissante également.

Monsieur le plus aimable et le plus attentionné des maris, je vous embrasse bien fort pour vous remercier de vos présents.

Les enfants voulaient dévorer en une heure tous

« les gâteaux de papa ». J'ai eu l'heureuse idée de leur en demander pour moi, pour grand-père et grand'mère. Ils en auront donc encore dans deux ou trois jours. Ils remercient avec moi le meilleur des pères.

Papa et maman me forcent à aller à l'Opéra. Mais comme mon Robert bien-aimé n'est pas là, je ne jouis pas pleinement des délices où me plonge ordinairement la musique.

Les enfants sont très sages. Jean lit, écrit et compte tous les jours. Petite Jozette mange bien, rit toute la journée, demande chaque matin : « Où t'y, papa? » Jean va t'envoyer sa page d'écriture, les plus beaux G du monde.

Je ferai tes commissions différentes, mon cher mari. Il est dur d'enlever ses illusions à Mademoiselle de Martot. Par contre, avec quelle joie je vais voir s'illuminer le visage de la pauvre Madame Arnal, en lui faisant l'éloge de son fils.

Roger arrive ce soir. C'est une bonne fortune pour moi de le voir pendant son séjour qui sera très court, il lui aurait été impossible de venir chez nous. Il vient à Paris chargé d'une mission confidentielle. Papa est très fier de penser que son fils possède à ce degré la confiance de son ambassadeur.

Je t'ai expédié hier *Lumen* et *Uranie* de Flammarion. Tu passeras de bonnes heures à lire ces deux chefs-d'œuvre de science et de philosophie. J'y ai ajouté *Morgane* de Villiers de l'Isle-Adam, superbement édité par Chamuel, et *Babylone*, le beau drame du Sâr Péladan, que maman a vu représenter chez la duchesse de Pomar. Quand nous nous retrouverons, nous nous dirons sur quelles pages nous nous sommes arrêtés tous deux. J'espère que nous nous serons rencontrés comme de coutume. Ces présents ne sont pas aussi beaux que les tiens, mais il y a une pensée pour toi à chaque ligne de ces livres. La caisse contient aussi une boîte de cigares (Havane) que tu seras heureux de distribuer, tout en en fumant un ou deux.

Papa et maman envoient les plus affectueux souvenirs au plus aimé des gendres.

Les enfants embrassent papa à grands bras et « beaucoup de fois ».

Moi, je t'aime plus que jamais, mon Robert. Tout en m'accusant d'ingratitude à l'égard de mon bon père et de ma chère mère, je désire vivement que le temps passe qui me sépare encore de toi. A bientôt. Soigne-toi. Maubant pense-t-il à tous tes besoins ? N'oublie pas de prendre un grog bien chaud quand tu rentres le soir harassé dans ta baraque. Papa va nous faire une provision de fine champagne.

Je t'embrasse de tout mon cœur, avec la plus grande tendresse, mon mari bien-aimé, moi, qui suis la plus heureuse femme de France et de Navarre.

LAURENCE.

**Roger de Brives à la baronne de Seillac.**

Le Moustier, le 10 septembre 18 .

*Ma chère Laurence,*

J'ai été très heureux en chasse hier et je t'envoie une partie du gibier abattu, pensant que tu l'utiliseras bien dans ton ménage.

J'irai passer une journée avec vous avant mon départ pour Saint-Pétersbourg.

Le « boy » suit-il son père à la chasse ? Je l'embrasse ainsi que ma Jozette et toi, ma chère petite Laurence ; bons souvenirs à Robert.

Ton frère,

ROGER.

**La baronne de Seillac à Roger de Brives.**

Mâcon, le 15 septembre 18 .

Merci, mon cher Roger, pour cette grosse bourriche d'excellent gibier. Le « boy » est en admiration devant les résultats de tes coups de fusil.

Nous allons profiter de tes largesses pour offrir à

dîner au régiment. Ton neveu raconte à tous les officiers tes prouesses cynégétiques.

Il rêve tout le temps à vos sanglants plaisirs, c'est de l'atavisme, mais côté des masculins. J'aurais peine à l'amener à mes idées.

Robert est allé à Chalon passer la revue du dépôt. Nous l'attendons ce soir.

Ce n'est guère une journée pour moi avant ton départ pour « la sainte Russie ». Je comprends pourtant ton impatience d'y retourner, après avoir vu la délicieuse tête blonde que maman m'a envoyée en communication. Tâche d'arriver à Mâcon deux ou trois jours plus vite, afin que nous te gardions un peu plus longtemps. Tout le monde est désappointé en apprenant que tu n'accordes qu'une journée « aux Mâconnais ».

Dans l'espérance que tu auras des remords, je t'embrasse tendrement, mon Roger, pour les enfants et pour moi.

Ta sœur qui t'aime bien,

LAURENCE.

### M. de Brives à la baronne de Seillac.

Paris, le 20 août 18 .

*Ma bien chère fille,*

Pour l'amour de toi, pour être aussi de moitié dans le bien que tu fais de si grand cœur, j'ai accepté le métier de solliciteur, j'ai mis au service de ta protégée — au tien — toute l'éloquence que je possède.

J'ai emporté haut la main la nomination. Je te l'écris bien vite, tu vas être si contente d'arracher une femme et des enfants à la misère. Le ministre m'a dit, j'ai le devoir de te le répéter : « C'est pour être agréable à Madame votre fille ? Oh ! tout de suite, alors. »

J'ai encore une autre bonne nouvelle à t'annoncer. Nous irons bientôt vous voir, ta mère et moi.

Je voulais offrir à ta mère un voyage en Italie, mais elle m'a répondu : « Je suis sûre que tu aimeras mieux, comme moi, passer quelques jours auprès de nos enfants. Nous ferons en même temps une grande économie qui servira à ravitailler Laurence, dont le trousseau doit s'épuiser. »

Les mères ont toujours des idées excellentes. Et ainsi nous passerons des moments bien meilleurs auprès de notre fille chérie, de notre bon gendre et de nos beaux petits-enfants.

Nous avons reçu hier une lettre de Roger. Il a dû t'écrire en même temps qu'à nous.

Madame Saint-Privat s'est cassé la jambe dans sa chambre, par suite d'une chute très malheureuse. Ta mère est allée passer une heure avec la pauvre femme qui souffre beaucoup et s'ennuie plus encore.

Adieu, ma chère fille, embrasse bien pour nous petit Jean et demoiselle Jozette. Mes affectueux sentiments à Robert.

Je t'embrasse bien des fois. Ta mère t'écrira après-demain.

Ton père qui t'aime,

BRIVES.

### La baronne de Seillac à Jean de Seillac.

Mâcon, le 12 octobre 18 .

*Mon fils chéri,*

La maison m'a paru bien grande au retour, et papa (il est rentré d'avant-hier) et Jozette s'aperçoivent bien aussi que notre Jean manque à toutes les heures du jour.

La petite chambre vide m'attristerait, si je ne pensais que mon Jean reviendra l'habiter pendant quelques jours dans deux mois. Je la remets en ordre, je la prépare pour me faire illusion, pour avancer, me semble-t-il, l'époque des vacances.

Je sais que mon fils est déjà résolu comme un homme, qu'il prend courageusement son parti de nous avoir quittés, puisqu'il ne pouvait faire, auprès de nous, les sérieuses études desquelles les jeunes gens doivent tirer plus tard leur situation dans le monde.

J'espère donc que tu travailleras bien pour donner de la satisfaction à ton père, déjà très préoccupé de ton avenir.

J'ai d'autres recommandations à te faire, mon grand chéri. Sois bon camarade, obligeant, aimable avec tous ; pas susceptible. Tâche de partager délicatement avec les collégiens pauvres les petites chatteries dont je ne manquerai pas de t'approvisionner.

Je sais que tu seras très poli, très convenable avec les maîtres d'études. Tu rougirais d'agir à leur égard avec la cruauté des enfants méchants ou étourdis. Cela c'est bien convenu, n'est-ce pas ? entendu entre nous.

Sois bien affectueux et très déférent avec grand-père et grand'mère quand ils iront te voir au parloir, lorsqu'ils te feront sortir. Ils rentrent à Paris samedi soir et tu les verras dès dimanche.

Ne perds pas tes bonnes habitudes : continue à manger avec élégance ; prends soin de ta personne. Nettoie bien tes dents, tes ongles. Si tes camarades te plaisantent à ce sujet, ne te fâche pas. Laisse-les dire, mais suis les conseils de ta mère.

Myrrha s'ennuie de l'absence de son petit maître. Elle va à ta porte chaque matin, puis vient me demander dans son langage où tu es passé. M. Zezet a fait une absence illégale de trois jours. Petite Jozette pleurait toutes les larmes de son corps, j'en étais inquiète moi-même, de sorte que je rassurais mal ta sœur. Enfin, il est rentré ce matin très honteux. Jozette, qui s'était promis de le gronder, l'a seulement couvert de baisers. Rouffe soigne très bien ton poney, que papa et Jozette gâtent aussi pour l'amour de leur Jean.

Manette est de mauvaise humeur depuis que tu es parti, elle n'a pas encore fait un plat sucré.

Papa t'écrira dans quelques jours. Les manœuvres l'ont beaucoup fatigué; mais il est surtout très occupé. Jozette t'écrira aussi.

Adieu, mon petit Jean aimé. Je t'embrasse mille fois bien fort, bien tendrement pour papa, pour Jozette et pour moi.

MAMAN.

Rouffe et Manette te disent bien des choses. J'ai rencontré ce matin Charles Las, Marcel Hervé et Claude de Saint-Pierre qui m'ont demandé de tes nouvelles.

### Le baron de Seillac à Jean de Seillac.

Mâcon, le 15 octobre 18  .

*Mon cher garçon,*

J'ai regretté que les manœuvres aient duré deux jours de plus que je ne pensais. J'avais compté rentrer la veille de ton départ au moins. J'aurais voulu t'embrasser, j'avais surtout bien des recommandations à te faire.

Je sais que ta mère t'a donné les meilleurs conseils, mais elle ne connaît pas comme moi la vie de collège, et puis son cœur est si bon, si pur qu'elle ne croit pas au mal. Il y a donc quelques points encore contre lesquels il faut que je te prémunisse.

Il serait surprenant qu'il ne se trouvât pas des enfants méchants à Henri IV. Ceux-là mènent quelquefois les meilleurs. Il va sans dire, mon garçon, que tu ne pourras du premier coup juger où sont les bons et quels sont les mauvais.

Mais pour te faire une opinion, il te suffira d'un mois. Quand tu verras un collégien se moquer d'un pauvre camarade, il faudra te dire : ce n'est pas celui-là qui sera mon ami ; quand tu entendras un enfant dénoncer son voisin par crainte du châtiment ou par méchanceté, si tu le vois battre un camarade chétif, faible (et dont tu prendras la défense), éloigne-toi de cet enfant-là autant que possible, c'est-à-dire ne noue pas avec lui des rapports intimes.

Tu reconnaîtras un brave garçon à ce trait, qu'il est généreux avec ceux qui sont moins forts, moins intelligents, moins riches que lui. Il ne leur fait pas un crime de leur laideur, de leur gaucherie, de leur pauvreté, d'aucune infirmité. Un brave garçon ne ment jamais, il sait que c'est une action honteuse pour un homme. Il ne trahit pas : il se tait et supporte pour ne pas dénoncer le camarade qui ne se nomme pas. Lui se nomme quand il est coupable, pour ne pas laisser accuser à sa place un camarade innocent. Un brave garçon ne manque pas de mettre ses petites lumières au service de ses camarades, quand ceux-ci lui demandent des éclaircissements ; ni de sa petite bourse, quand ils ont un besoin réel à satisfaire, sans que cela leur soit possible. Il fait ces choses avec délicatesse et sans les laisser connaître à ceux que cela ne regarde pas.

Un brave garçon écoute respectueusement les leçons de ses professeurs et leur est reconnaissant de mettre leurs connaissances à sa portée. Un brave enfant serait honteux d'être grossier et méchant à l'égard des maîtres d'études, auxquels les mauvais collégiens font maudire leur dur métier.

Le fils d'un soldat doit être discipliné plus qu'aucun autre, s'incliner devant le règlement. J'espère, mon garçon, que sur ce point et sur d'autres tu me feras honneur.

Enfin un enfant qui souhaite rendre son père et sa

mère heureux (les pères et les mères placent tout leur bonheur et leurs espérances dans leurs enfants), ce bon fils travaille bien, profite des leçons qu'on lui donne, prépare son avenir. Cela ne l'empêche pas d'être ardent au jeu, plein de gaieté et d'entrain comme il convient à son âge.

*My dear boy*, je sais que tu feras tous les efforts pour réaliser cet idéal que je me fais du collégien. Cela me consolera de ton absence. Tu nous manques à tous. Mais il faut se séparer, obéissons à la nécessité. D'être éloignés les uns des autres, cela n'empêche pas de s'aimer, n'est-ce pas?

J'entends ta mère et Jozette parler de leur cher Jean toute la journée. Moi aussi, je pense toujours à mon fils et mes promenades à cheval ne me sont plus aussi agréables, maintenant que ton poney ne trotte plus à mes côtés.

Mais à bientôt, mon cher garçon. Le premier jour de l'an arrivera vite. Je t'embrasse de tout mon cœur.

Ta mère et ta sœur ajoutent de gros baisers aux miens.

Ton père qui t'aime bien,

SEILLAC.

### Le baron de Seillac à Jean de Seillac.

Mâcon, le 4 avril 18  .

*Mon cher garçon,*

Ton bulletin est très bon, aussi ta mère et moi avons-nous éprouvé un vif mouvement de joie en le lisant.

Continue, non seulement à travailler ardemment, mais aussi à te montrer discipliné en même temps que bon camarade.

Si tu savais comme cette bonne nouvelle nous rend heureux et le grand chagrin que nous causerait une conduite différente.

Je ne t'écris que ce mot, parce que je suis appelé chez le général pour dix heures. Mais j'ai voulu t'embrasser une fois de plus et te dire, *dear boy*, que ton père est bien content ce matin.

SEILLAC.

*Mon grand chéri,*

Jozette elle-même a battu des mains à la lecture de ton bulletin. Elle était fière de savoir son Jean « si sage ». Aussi pour te ressembler est-elle très obéissante et très tranquille ce matin.

Moi, j'ai le cœur tout débordant de joie. Savoir que

mon fils est bon, se conduit bien, travaille comme un homme, qu'est-ce qui pourrait me faire plus de plaisir?

Je t'enverrai, cet après-midi, une caisse de gaufrettes que Manette est en train de pétrir. J'y joindrai des mouchoirs, puisque tu as perdu presque tous ceux que tu possédais. Tâche de devenir plus soigneux, mon enfant. Il ne faut rien gaspiller : toute dépense inutile ou mal entendue met en péril l'indépendance si l'on est pauvre et, si l'on est dans l'aisance, restreint nos moyens de faire du bien.

Au revoir, mon chéri. Jozette va déjeuner chez sa petite amie Rosine, aussi je viens de la faire belle.

Elle t'embrasse bien des fois et, moi aussi je te donne beaucoup de baisers.

MAMAN.

### Jean de Seillac au baron et à la baronne de Seillac.

Paris, le 10 avril 18 .

*Cher papa et chère maman,*

Je suis bien content que vous ayez été satisfaits de mon bulletin. Je pense qu'il serait plus agréable d'être auprès de vous, mais je ne m'ennuie pas. Je me porte très bien, ne te tourmente pas, ma chère maman ; je travaillerai toujours de mon mieux pour te faire plaisir, mon cher papa.

J'ai été, cette semaine, premier en allemand et troisième en grec.

Grand-père et grand'mère viennent me voir très souvent et ils me gâtent beaucoup pendant mes sorties. Grand-père m'a acheté l'autre jour un beau portefeuille.

J'ai un ami que j'aime beaucoup. Il n'a plus ni père ni mère, seulement un oncle qui est cultivateur et demeure à six lieues de Seillac. Si vous vouliez me permettre d'inviter Louis Braux, c'est mon ami, aux prochaines grandes vacances, que nous passerons dans le Périgord, vous me feriez bien plaisir, car ça l'ennuie de rester deux mois chez son oncle qui n'est pas son vrai oncle, mais le mari de sa tante; et cette pauvre tante est toujours malade.

Jozette est-elle bien gentille, pense-t-elle à moi? Es-tu content du régiment, mon cher papa? Es-tu guérie de ton rhume, ma chère maman? Parlez-moi de toutes nos bêtes.

Dites bonjour de ma part à Manette et à Rouffe. Les gaufrettes étaient très bonnes. Tous mes camarades félicitent Manette. Merci bien des fois, chère maman. Je n'ai pas perdu de mouchoirs depuis huit jours. Je vais, je crois, devenir soigneux et rangé.

Bien des choses à tous mes amis de Mâcon.

Au revoir, cher papa et chère maman. Je vous embrasse bien des fois. Embrassez Jozette pour moi.

Votre fils respectueux qui vous aime,

JEAN.

**Le baron de Seillac à Jean de Seillac.**

Mâcon, le 4 juillet 18  .

*Mon cher garçon,*

Ton bulletin laisse à désirer sur un point important. Ta conduite n'a pas été bonne comme de coutume, tu t'es montré indiscipliné il y a quelques jours, que s'est-il donc passé?

Raconte-moi tout, sans rien omettre. J'espère que ce ne sera qu'un mauvais moment et que le prochain bulletin me rassurera. Celui-ci m'inquiète et me mécontente.

L'obéissance doit être pratiquée d'un bout de la vie à l'autre. Il faut savoir s'incliner devant les règles et les lois. Est-ce que je ne t'ai pas donné l'exemple d'un inaltérable respect des règlements?

Je t'embrasse néanmoins, comptant bien que

pareille chose ne se renouvellera pas, que tu ne voudras pas perdre dans l'estime de ton père.

SEILLAC.

*Mon fils chéri,*

Qu'y a-t-il donc? Dis-moi tout bien franchement. Ton père est mécontent, mais surtout fort triste, moi aussi beaucoup.

Mais je veux croire que notre Jean redeviendra le cher garçon que tout le monde aime, qui serait désolé d'affliger son père et sa mère.

Tu sais, mon bonheur sera d'être fière de mon fils quand il sera devenu un homme. Pour mériter d'être l'orgueil et la joie de ta mère, il faut absolument te modeler sur ton père qui n'a jamais commis une faute contre la conscience, qui est l'esclave du devoir. Tout le monde admire, tu l'as vu, son noble caractère, sa loyauté, sa bonté.

Tout le monde aime ce soldat plein d'honneur, si rigoureux pour lui-même, qui use pour les autres d'indulgence, toutes les fois qu'il le peut sans compromettre la discipline.

Je veux que tu lui ressembles, mon Jean, afin de lui rendre en joie tout l'amour dont il entoure ses enfants.

J'ai confiance en toi. Ce n'était qu'une défaillance :

tu vas redevenir, dans le bien, mon ferme petit Jean. Aussi je t'embrasse bien des fois. Jozette, à qui nous n'avons rien dit, t'envoie mille tendresses.

MAMAN.

**Le baron de Seillac au Proviseur du lycée Henri IV.**

Mâcon, le 10 avril 18 .

*Monsieur le Proviseur,*

Je suis très surpris et peiné du dernier bulletin de mon fils.

Il n'a pas travaillé, sa conduite laisse à désirer. Quelle circonstance a donc pu changer à ce point cet enfant que je connais studieux, docile et bon?

Vous savez mieux que moi-même encore, Monsieur le Proviseur, l'ascendant qu'un camarade mal intentionné peut prendre sur l'esprit de l'enfant le mieux doué. Il me semble que mon fils doit subir quelque mauvaise influence.

Ou bien sa santé est-elle altérée et serait-ce là l'origine du changement observé dans ses habitudes et son caractère?

Je connais votre dévouement aux enfants qui vous

sont confiés et je ne crois pas du tout abuser de votre obligeance en vous priant de rechercher — mon beau-père étant absent et mon service me mettant dans l'impossibilité de courir à Paris — quelle cause a ainsi transformé mon fils en quelques mois.

Je vous serais bien reconnaissant de m'écrire quand vous vous serez formé une opinion, car ma femme et moi sommes profondément inquiets.

Veuillez, Monsieur le Proviseur, agréer mes excuses et mes remerciements, avec l'expression de mes sentiments les meilleurs et les plus distingués.

Colonel DE SEILLAC.

### Jean de Seillac au baron de Seillac.

Paris, le 25 octobre 18 .

*Cher papa,*

Je te souhaite de bonnes fêtes d'anniversaire en t'embrassant. Et je t'apprends, moi qui n'ai rien d'autre à te donner, que ma semaine a été excellente au dire de mes professeurs. Premier en thème allemand, second en grec, premier en version latine, premier en histoire.

Maman va être contente aussi.

Vous me raconterez, n'est-ce pas, comment vous aurez fêté le 27. Ce que Jozette aura fait.

Je vous écrirai mardi comme de coutume. Aujourd'hui, j'ai voulu seulement te dire, cher papa, que ton fils t'aime et espère que tu célébreras beaucoup d'anniversaires au milieu des tiens.

Je t'embrasse de tout mon cœur, cher papa, avec maman et Jozette.

Ton fils respectueux qui t'aime,

JEAN.

### Jozette de Seillac à Jean de Seillac.

Seillac, le 25 juillet 18   .

*Mon cher petit Jean,*

Les vacances sont bien lentes à venir. Je voudrais déjà être au jour de ton arrivée. Si tu savais comme c'est joli ici : il y a des roses, des roses... « par bêtise », dit Manette.

Et puis, papa sera avec nous tout le temps des vacances, puisque les manœuvres commenceront tôt. Nous sommes vite venues à Seillac, maman et moi, pour être près de papa. Il est venu trois fois ici.

Nous irons le voir passer avec le régiment après-demain sur le chemin de Clérisse. Il fait très sec, maman dit qu'ils avaleront bien de la poussière, qu'ils mourront de soif... si nous pouvions faire boire tous ces pauvres soldats !

Nous avons des fruits encore plus que des roses. Maman et Manette font des confitures de quoi approvisionner un confiseur.

Oncle Roger viendra chasser dès les premiers jours de septembre. Un peu après, grand-père et grand'mère arriveront pour une visite de quinze jours. Nous repartirons tous pour Paris vers le 30. Et nous y attendrons « la tante blonde » qu'oncle Roger sera allé épouser.

Maman a déjà préparé ta chambre et celle de ton ami.

J'ai apporté un jeu d'Oona. Tu verras comme c'est amusant. Quand il pleuvra nous jouerons dans le *hall*. Cela remplace le croket des belles journées.

Adieu, mon petit Jean, à bientôt. Myrrha, Sezet et Julio t'attendent, je le vois bien. Manette invente des gâteaux pour ton arrivée. Maman est impatiente de voir son Jean.

Bien des choses à ton ami Louis.

Maman et moi nous t'embrassons bien des fois et encore bien des fois. Manette aussi.

Le vieux Laurent te souhaite le bonjour. Solange t'embrasse.

Ta petite sœur qui t'aime bien,

JOZETTE.

### La baronne de Seillac à Jozette de Seillac.

Mâcon, le 30 octobre 18 .

*Ma chère fillette,*

Grand'mère m'écrit qu'elle est bien contente de toi, que tu l'aides dans ses occupations. Elle ajoute qu'elle peut causer avec toi comme avec une grande personne. Et ce qu'elle aime encore mieux en toi, c'est la bonté de ton cœur.

Je suis bien fière et bien heureuse des éloges que grand'mère donne à ma fille chérie. Papa est très content aussi.

Mais nous nous ennuyons beaucoup, privés de notre Jozette, et papa parle d'aller la chercher dans huit jours : je n'ai pas le courage de l'en empêcher.

Dépêche-toi donc de faire de nombreuses cigarettes pour grand-père et d'achever de remplir la tapisserie de grand'mère.

Va voir notre Jean une fois ou deux pendant ses récréations, afin qu'il ait le plaisir de t'embrasser une fois ou deux de plus avant ton départ. Porte-lui deux livres de chocolat, une boîte de gaufrettes et un flacon de limonade gazeuse; je te rembourserai à ton arrivée ici.

Manette n'est pas de bonne humeur parce que tu restes trop longtemps absente. Elle ne fait pas de plats sucrés. « A quoi bon? dit-elle, il n'y a pas d'enfant ici! — Et le colonel? lui ai-je répondu, ce sera donc moi, Manette, qui lui ferai les crèmes qu'il aime tant? » Alors, elle a vite couru à la cuisine et le soir papa a été forcé de manger la moitié du plat de crème, pour lui prouver qu'il lui pardonnait de l'avoir oublié.

Ta petite amie Maria va aller passer l'hiver à Nice, elle est heureuse de penser que tu seras de retour avant son départ.

Les enfants du commandant Sainval ont été très malades, tous les trois à la fois. Leur pauvre maman était désolée. Enfin les voilà convalescents, ils seront tout à fait guéris quand tu reviendras.

Zezet cherche toujours les genoux de sa petite maîtresse et M^lle Myrrha ne paraît pas du tout contente de voir ton absence se prolonger.

Adieu, ma fillette bien-aimée. Nous sommes, papa et moi, bien impatients de te revoir. Nous t'embrassons mille fois bien tendrement. Embrasse notre Jean pour toi et pour nous. Demande-lui s'il ne manque de rien.

Encore un baiser.

MAMAN.

Manette t'embrasse. Rouffe demande tous les matins comment va Mademoiselle. Zezet et Myrrha te caressent.

**La baronne de Seillac à Roger de Brives.**

Màcon, le 15 juillet 18 .

*Mon cher Roger,*

Tu seras libre de bonne heure cette année : nous t'attendrons donc à Seillac dès l'ouverture de la chasse. Laurent nous écrit que le gibier est très abondant, les faisans ont admirablement réussi.

Robert sera bien content de t'avoir pour compagnon. Et moi, comme je vais te revoir avec bonheur, après deux ans de séparation !

Tu vas me parler de ta fiancée, me donner sur elle

mille détails. Je l'aime déjà , ma sœur du Nord, celle
qui va prendre la charge de te rendre heureux, qui,
déjà, est ta joie, ta vie. Je voudrais être au jour où
je la connaîtrai, où je pourrai l'embrasser. Dis-lui
que je serai à Paris pour son arrivée à la maison.
Maman attend avec impatience cette autre fille. Nous
ferons en sorte de lui adoucir ces profonds change-
ments qui vont se produire dans sa vie, qui la feront
un peu souffrir, si grande que soit son affection pour
toi. Je regrette bien d'ignorer le russe. J'aurais voulu,
dans les premiers jours surtout, lui caresser l'oreille
de la langue de son pays.

Les enfants t'attendent avec impatience. Ils espèrent que tu apporteras la photographie de « la tante
blonde ». Moi je sais d'avance que cette photographie sera peu ressemblante, comme celle de toutes
les femmes. C'est le portrait que tu me feras d'elle
qui sera exact et que je regarderai.

Au revoir, à bientôt, mon Roger. Je suis heureuse
à la pensée que tu vas fonder une famille. Offre
toutes mes tendresses à ta jolie Xénia. Nous parlerons d'elle à toute heure pendant ton séjour à Seillac.

Robert te dit mille bonnes choses. Moi et Jozette
nous t'embrassons bien fort.

Ta sœur qui t'aime,

LAURENCE.

## La baronne de Seillac à Mademoiselle Xénia Boroff.

Seillac, par Périgueux, le 5 septembre 18  .

*Chère Mademoiselle,*

Permettez-moi d'accompagner d'un petit mot affectueux la lettre que vous adresse mon frère. Nous
causons tous les deux de vous du matin au soir, de
sorte qu'il me semble vous connaître un peu, et il
est certain que je vous aime déjà.

Votre photographie ne peut rendre, dit Roger, ni
l'éclat de votre teint, ni la limpidité de votre regard,
ni la blondeur suave de vos cheveux, mais au moins
elle n'a pas altéré vos traits si doux et votre physio-
nomie si sympathique.

Je comprends bien que Roger ait hâte de nous
quitter, que son congé lui pèse cette année... quoiqu'il soit trop aimable pour nous le dire. Mais ces
choses se sentent, se devinent... et se pardonnent.

D'ailleurs, il reviendra bientôt... avec vous ! Et ce
sera fête dans toute la famille de recevoir celle que
mon père et ma mère appellent : « leur plus jeune
fille », et moi, « ma petite sœur ». Dans mon enfance,
j'ai souhaité ardemment une sœur; Roger, que j'aime
tant, ne suffisait pas à ma tendresse. C'est lui qui va
compléter le doux cercle de mes affections; je lui
en suis reconnaissante.

Nous vous attendons donc, chère Xénia, — vous

voulez bien permettre cette familiarité à votre sœur?
Mes enfants me demandent s'ils peuvent vous embrasser de tout leur petit cœur. Mon mari vous
envoie ses hommages, moi je vous embrasse comme
le font mes enfants.

A bientôt.

Votre très affectueusement,

BORDES-SEILLAC.

Nous vous prions d'offrir nos compliments les
meilleurs à Madame votre tante.


### Roger de Brives à Mademoiselle Xénia Boroff.

Seillac, par Périgueux, le 5 septembre 18  .

*Ma chère fiancée,*

Laurence est vraiment une sœur incomparable.
Elle m'adoucit l'ennui de la séparation en m'amenant
à parler sans cesse de vous, de tout ce qui vous entoure, du cadre où vous vivez.

Il semble que vous soyez au milieu de nous.
Les enfants paraissent vous connaître; votre nom est
prononcé à chaque instant.

Vous serez bien aimée par tous ceux qui m'aiment, ma chère petite fiancée.

J'attends de vos nouvelles avec une impatience, dont j'espère que vous vous ferez une idée.

Je chasse tous les jours avec mon beau-frère; mais en esprit, je ne suis qu'à Garofine et je ne sais comment les lapins n'échappent pas à mon fusil, car je tire machinalement sur eux, sans les voir. Ce qui s'étend sous mes yeux, c'est la steppe fleurie, puis soudain au milieu de cette mer végétale, un village où se dresse une maison qui pour moi est un temple, puisqu'elle renferme tout ce que j'ai de plus cher. Et je vois soudain passer au milieu des roses une forme frêle et charmante, un visage nacré tout encadré de boucles blondes et folles et deux yeux, qui sont de purs saphirs, se posent sur les miens. Est-il possible que vous soyez à tant de lieues de moi, je viens de vous sentir là tout près, j'ai respiré le parfum vague qui s'échappe toujours de vos cheveux.

Ma chère fiancée, quand vous serez ma femme, vous ne me quitterez jamais, n'est-ce pas? C'est trop dur.

Mon père m'a écrit ce matin que toutes mes pièces seront prêtes dans huit jours. Dans huit jours, je serai donc à Paris, hâtant mon départ. Laurence croyait me garder plus longtemps; mais elle n'exprime pas ses regrets; elle sent, la chère sœur, que je souffrirais trop de rester éloigné de vous au delà du temps nécessaire.

Nous la dédommagerons de son sacrifice quand nous reviendrons en France,... tous deux ! dans deux mois.

Racontez-moi bien ce que vous faites et si vous vous acharnez au français, « pour parler comme Madame de Girardin et Eugénie de Guérin », vos préférées ?

Je vous remercie, oh ! bien des fois, de refuser toutes les invitations aux bals des châteaux voisins. C'est de l'égoïsme, je le sens, mais, ma chère fiancée, -je suis heureux de penser que vous vous concentrez ainsi dans mon souvenir. Et je m'agenouille devant ma petite sainte, qui renonce aux plaisirs de son âge, sans nul regret, avec une douceur qui démontre, dit ma sœur, l'élévation de sa nature et la beauté de son âme blanche.

Ma chère fiancée, croyez à ma tendresse profonde et ardente. Pas une de mes pensées qui ne vous ait pour objet. Je vous aime toujours plus.

Mettez-moi aux pieds de Madame Garofine, à qui je ne pourrai jamais trop exprimer ma reconnaissance, et pour qui mes sentiments sont bien affectueux.

Je baise ses mains blanches. Et je mets, comme elle me l'a permis, un baiser sur vos joues rosées.

Vôtre à toujours,

ROGER DE BRIVES.

**Mademoiselle Xénia Boroff à la baronne de Seillac.**

Garofine, gouvernement de Kieff (Russie).
10 septembre 18  .

*Chère Madame,*

Comme votre lettre est bonne et suffirait à vous faire aimer de moi, si ce n'était commencé, fait depuis longtemps.

Monsieur de Brives m'a parlé de vous d'une si affectueuse manière, que je vous ai tout de suite fait une place dans mon cœur... comme à tout ce qu'il aime. J'ai aussi désiré votre estime, votre frère m'ayant dit de quel prix elle est.

J'ai grande hâte de vous connaître tous. Monsieur Roger assure que vos photographies ne sont guère ressemblantes. Votre mère est pourtant si jolie déjà, et elle a l'air si bon ! Et vous, chère Madame, votre front est si rayonnant et votre regard si beau.

Les enfants sont charmants ; leurs jolis noms, « Jean, Jozette », revenaient souvent dans nos conversations. Dites-leur que je les connais bien et les embrasse avec tendresse.

Merci pour les jolis volumes que vous m'avez envoyés et pour le bouquet de bruyère blanche, qui porte bonheur. Je le rapporterai en France.

Je vous embrasse avec une vive affection, chère

Madame, qui serez une si aimable sœur. Mes meilleurs compliments à Monsieur de Seillac.

A vous de tout cœur,

XÉNIA BOROFF.

Ma tante vous remercie de votre souvenir et vous envoie le sien.


## Mademoiselle Xénia Boroff à Roger de Brives.

Garofine, le 10 septembre 18   .

*Cher Monsieur Roger,*

Je vous remercie de m'écrire tous les jours.

J'aimais mieux votre visite quotidienne, mais une lettre c'est beaucoup aussi, et cela diminue la distance qui sépare Garofine de la France.

Je suis bien touchée de recevoir aussi chaque matin ces fleurs de votre pays, dont vous attachez un petit bouquet à l'angle de votre papier à lettres.

Madame de Seillac me dit que la bruyère blanche porte bonheur, c'est pour cela que vous en mettez un brin au milieu des marguerites, des roses et des œillets que vous m'envoyez de France.

Ma cousine Sonia m'a apporté une orange double. Vous savez que c'est un talisman sans rival pour les fiancées. Et cela annonce du bonheur... à tous deux.

Ne me remerciez pas de renoncer aux bals des châteaux du voisinage. Quel plaisir y trouverais-je en votre absence ! J'aime mieux penser sans distraction à votre retour, à votre chère famille où l'on m'aime, à votre beau pays qui sera le mien aussi.

Je fais du français trois heures par jour. Et puis, je brode, je rêve, je me promène. J'aide ma tante à diriger la maison afin de ne pas être trop embarrassée quand j'assumerai la charge de votre bonheur et de votre bien-être, mon cher fiancé.

Je vous serre la main bien affectueusement. Ma tante vous dit mille tendresses.

Votre fiancée,

XÉNIA BOROFF.

Faites accepter à votre charmante sœur les broderies de la petite Russe, qui partent par ce même courrier, et à la gentille Jozette le petit cercle d'argent clouté de turquoises, porte-bonheur que vous passerez à son bras mignon.

### Louis Lemardy à Roger de Brives.

Paris, le 5 octobre 18  .

*Mon cher Roger,*

Je te félicite. Tu as raison de prendre femme..., ne faut-il pas que tu formes, dès maintenant, à son rôle la future ambassadrice?

Elle doit être belle comme un astre : tu aimes les choses et les êtres décoratifs. Je demande à être ébloui de sa splendeur, ne suis-je pas un brave célibataire, pas envieux?

Peut-être même ton mariage va-t-il avoir sur ma vie une influence salutaire. Peut-être me feras-tu abandonner ces pâturages de l'erreur où je broute présentement, en bon mouton qui croit que pour vivre bien et sans préoccupations, il faut ne se soucier que de soi.

Cela me paraîtra drôle tout de même de voir cet élégant Roger transformé en *pater familias*. Mais tu es capable d'apporter dans la fonction la suprême distinction qui te caractérise.

Je plaisante... puis-je ne pas plaisanter? Mais je t'envoie tous mes souhaits sincères de bonheur et j'attends avec impatience l'apparition de la radieuse étoile.

Je te serre bien fort les deux mains.

L. LEMARDY.

### Le baron de Bléry à Roger de Brives.

Paris, le 5 octobre 18 .

*Mon cher Roger,*

Eh bien ! non, je ne dis pas un homme à la mer ! Je te félicite de toutes mes forces de quitter cette bête de vie des célibataires. Et encore, toi, tu es occupé, hautement occupé, puisque les intérêts du pays sont souvent dans tes mains.

Mais vivre comme nous faisons, nous autres, les membres du... Club, c'est absolument idiot.

Je trouve qu'il est bon d'être décoratif, mais se borner à cet emploi dans le monde, c'est peu.

Je suis décidément fatigué de mon inutilité.

Cette vie absurde constitue, du reste, un véritable esclavage. Paraître à toutes les premières, à tous les vernissages, à toutes les réunions sportives sous peine de déchoir, c'est aussi dur que la parade au régiment. Tourner toujours dans le même cercle de soi-disant plaisirs, n'est-ce pas fait pour lasser profondément ceux à qui il reste une lueur d'intelligence ? Passer inévitablement le printemps à Paris, l'été à la mer ou dans la montagne, l'automne au château, l'hiver à Nice, en courant des dîners aux bals, des garden-parties aux théâtres, des chasses aux comédies de salon, etc., etc., cela peut paraître de loin mouvementé, agité, agréable ; au fond c'est très monotone.

Depuis quelque temps — et ta lettre ne fait que me confirmer dans ma résolution — je pense à découvrir une douce jeune fille, que j'essaierai de faire heureuse et qui me donnera de beaux enfants et du bonheur.

J'habiterai beaucoup mes terres — car je choisirai ma fiancée parmi les jeunes filles simples et raisonnables.

Je comprenais à merveille depuis quelque temps que c'est ainsi qu'il faut concevoir la vie. Ton exemple me fortifie. Ne t'ai-je pas toujours un peu suivi?

Au revoir, mon cher Roger. J'espère qu'à ton arrivée en France, nous causerons de toutes ces choses plus sérieusement encore.

Mille bons vœux.

A toi,

BLÉRY.

## Le baron de Seillac à Madame Roger de Brives.

Lyon, le 20 décembre 18 .

*Ma chère belle-sœur,*

Ma femme, très retenue auprès de notre fillette, qui est toute fiévreuse, me charge — en attendant qu'elle puisse vous écrire elle-même — de bien vous remercier de votre charmant envoi.

Elle est enchantée de décorer son salon au moyen des belles roses que vous lui avez envoyées. Elle est surtout heureuse de la pensée que vous avez eue pour elle, dans ce pays de rêve et en un moment où l'on est souvent oublieux des autres.

Aussi sommes-nous persuadés que Roger est un très heureux mortel, comme l'est votre serviteur, qui baise vos blanches mains transparentes avec le plus affectueux respect.

Votre frère,

SEILLAC.

Laurence embrasse vous et son frère. Jozette jette ses bras autour du cou de son oncle et de sa tante. Je serre fort la main de Roger.

**La baronne de Seillac à M. Albéric de Boitelles.**

Lyon, le 1<sup>er</sup> mai 18. .

*Cher Monsieur,*

Vous seriez inquiet de ne pas recevoir la lettre hebdomadaire de Mademoiselle de Tribuce. Je veux donc, toute pressée que je suis aujourd'hui, vous

13.

dire que, sans être malade, elle n'est pas en état de vous écrire. Vous la connaissez très nerveuse, il lui est survenu une excitabilité qui la rend incapable de remplir le moindre devoir, de se livrer à aucune occupation.

Néanmoins, il n'y a pas lieu de se tourmenter au sujet de sa santé.

Je vous envoie, cher Monsieur, bien à la hâte, les meilleurs compliments de chacun ici.

BRIVES-SEILLAC.

## M. Albéric de Boitelles à la baronne de Seillac.

La Presle, par Autun, le 3 mai 18 .

*Madame,*

Votre billet m'a troublé. Il me semble que vous n'y exprimez pas toute votre pensée. Mademoiselle de Tribuce n'est pas souffrante, je vous crois, vous ne sauriez tromper. Mais cet état qui l'empêche de m'écrire m'inquiète... presque à l'égal d'une maladie.

De grâce, Madame, quand cette disposition nerveuse dont vous parlez aura changé, demandez-lui de m'écrire aussitôt. Je vais attendre sa lettre avec une terrible impatience. Je crains je ne sais quoi... je tremble qu'il ne se passe dans son esprit ou dans son cœur quelque chose qui me soit désavantageux, et cette idée me rend très malheureux.

Mes sentiments pour elle n'en sont pourtant pas atteints, n'en sauraient être atteints.

Veuillez, Madame, lui transmettre l'expression de mon affection et recevoir pour vous et pour le colonel mes respectueux hommages.

A. DE BOITELLES.

*Ma chère fiancée,*

Vous n'êtes pas en état de m'écrire, me dit Madame de Seillac, qui a eu la bonté de me donner de vos nouvelles. Soignez bien vos pauvres nerfs, chère enfant, et gardez-moi l'affection qui me faisait si heureux, qui me rendait la vie si belle.

J'ai peur de vous fatiguer en vous écrivant longuement; j'ai comme une crainte... de vous impa-tienter.

Je préfère vous envoyer toutes les fleurs blanches qui se sont épanouies aujourd'hui dans mes serres et dans mon jardin.

Je les charge de vous dire tout ce que je ne vous écris pas. Oh ! je vous en prie, écoutez-les.

Croyez à mes inaltérables sentiments. Laissez-moi baiser vos mains diaphanes, avec tout mon respect et toute mon affection.

ALBÉRIC DE BOITELLES.

**La baronne de Seillac à M. Albéric de Boitelles.**

Lyon, le 15 mai 18 .

*Cher Monsieur,*

Mademoiselle de Tribuce n'est pas mieux. Je parle toujours de cet état de surexcitation nerveuse auquel elle est en proie depuis plus de quinze jours et qui ne se calme pas.

Il est presque naturel qu'elle refuse de vous écrire, pendant qu'elle se trouvera en cette disposition.

Nous sommes très peinés du changement qui est survenu en elle.

Je vous donnerai des nouvelles à la fin de la semaine.

Veuillez croire, cher Monsieur, à nos sentiments les meilleurs.

BRIVES-SEILLAC.

**M. Albéric de Boitelles à la baronne de Seillac.**

La Presle, par Autun, le 17 mai 18 .

*Madame*,

Votre second billet me fait entrevoir des choses tristes, bien que vous réserviez votre pensée jusqu'à consentir à donner à vos phrases un sens énigmatique.

Je sens sous les mots certains ménagements inspirés par votre bonté, avec une gêne de ne pouvoir vous exprimer franchement, ce qui coûte à votre droiture.

Mais vous m'annoncez des nouvelles pour la fin de la semaine. Je les attendrai avec toute la patience que je pourrai trouver en moi, car vous semblez me dire qu'un parti sera pris, ce jour-là, dans un sens ou dans l'autre.

Je reste profondément attaché à Mademoiselle de Tribuce, mais je suis bien attristé et inquiet. Je la prie de croire à mon affection... quand même.

Veuillez, Madame, agréer mes remerciements pour la bonté que vous avez de m'écrire.

Mes respectueux hommages pour vous et mes souvenirs au colonel.

A. DE BOITELLES.

**Le baron de Seillac à M. Albéric de Boitelles.**

Lyon, le 22 mai 18 .

*Cher Monsieur,*

Je suis chargé auprès de vous d'une mission qu'il m'a été pénible d'accepter, en pensant au chagrin que vous alliez éprouver.

Mademoiselle de Tribuce ne vous a pas écrit depuis quinze jours et ma femme, par de courts billets, que vous trouviez d'ailleurs énigmatiques, vous disait que ma pupille n'était pas en état de vous donner elle-même de ses nouvelles.

Voici ce qui se passait : Mademoiselle de Tribuce est venue un matin avouer à ma femme et à moi qu'elle s'était trompée... et qu'elle ne pouvait vous épouser, craignant que l'estime qu'elle a pour vous ne suffît pas à vous faire heureux.

Elle me priait de vous informer de la nature de ses sentiments. Nous avons cru, d'abord, à un caprice d'enfant et j'ai imposé à ma pupille une réflexion de trois semaines.

Ce matin, je l'ai trouvée inébranlable dans sa résolution. Elle vous demande de lui rendre sa parole et de lui pardonner. Elle espère que vous l'oublierez facilement et « qu'une autre femme, meilleure qu'elle, pourra vous donner le bonheur qu'elle vous refuse ».

Je vous prie à mon tour, cher Monsieur, de l'excuser, de ne pas lui garder rancune. Il vaut mieux,
quoi que vous puissiez en souffrir, que Mademoiselle
de Tribuce ait fait connaître dès maintenant ses sentiments. Si elle s'était tue, une vie de tortures, pour
l'un et pour l'autre, aurait été le résultat de ce silence... coupable.

Mademoiselle de Tribuce s'embarquera dans huit
jours pour l'Angleterre. Elle ne veut pas que vous la
retrouviez ici. Elle va, avec mon agrément, passer
un an dans la famille de sa mère.

Je connais assez votre loyauté pour être certain
que nous trouverons ensemble un prétexte de rupture
qui ne laisse pas le vilain rôle à ma pupille, tout en
ménageant votre légitime amour-propre.

Croyez, cher Monsieur, aux très vifs regrets que
j'éprouve de vous donner une pareille nouvelle. Vous
aviez inspiré tant d'estime et de sympathie à ma
femme et à moi, que nous sommes désolés du changement qui s'est produit chez ma pupille. J'ai bien
peur, du reste, qu'elle ne déplore plus tard ce qu'elle
fait aujourd'hui.

Mes très affectueux sentiments et les souvenirs les
meilleurs de ma femme.

                                   SEILLAC.

### M. Albéric de Boitelles au baron de Seillac.

La Presle, par Autun, le 24 mai 18 .

*Colonel,*

Le coup est bien rude, quoique trois semaines de silence et les billets de Madame de Seillac m'y aient préparé.

J'ai redouté ce qui arrive, mais la décision de Mademoiselle de Tribuce ne m'atteint pas moins profondément, jusqu'à l'âme.

Je lui rends sa parole, je n'ai contre elle aucun sentiment de colère ni de rancune. Mais elle me permettra de souffrir d'avoir perdu sa confiance et son affection. C'est ma faute, sans doute; cependant je ne puis sans ressentir une vive douleur, accepter cette rupture qui brise mon cœur et ma vie.

Un vide profond s'est creusé sous mes pas, comment remonter cet abîme?

Je souhaite pourtant et sincèrement, car je ne cesse pas de l'aimer, qu'elle soit heureuse, elle, heureuse de tout le bonheur que je perds.

Je vous remercie, colonel, des ménagements de votre lettre. Je vous devais de la reconnaissance pour avoir agréé ma recherche et cette reconnaissance n'a pas diminué.

Je sais aussi un gré infini à Madame de Seillac de m'avoir préparé au malheur qui m'attendait.

Et je vous prie de croire, colonel, que je reste profondément et respectueusement dévoué à vous... à
tous les vôtres.

ALBÉRIC DE BOITELLES.

C'est vous, Colonel, qui trouverez le prétexte.
J'approuverai tout ce que vous direz.

### Louise Salluste à la baronne de Seillac.

Villefranche, le 15 janvier 18 .

*Chère Madame,*

Papa me dit que, dans l'embarras où je me trouve,
je ne peux m'adresser qu'à vous pour être éclairée
sur quelques points de convenance et de savoir-vivre.

Vous êtes, dit papa, l'une des quelques femmes
parfaites qui existent. Et vous aimiez assez ma pauvre maman pour ne pas refuser vos conseils à sa
fille.

Dois-je assister aux dîners et déjeuners que papa
est forcé d'offrir aux officiers de son régiment, aux
officiers ses amis de passage dans la garnison ?

Si oui, quelle place occuperai-je à table et comment placera-t-on les convives ?

Peut-être serait-il mieux que papa reçût les officiers au cercle.

Je vais être obligée de rendre les visites que l'on m'a faites. Dois-je avoir des cartes à mon nom? Et me faudra-t-il prendre un jour?

Je vais vous paraître bien sotte, chère Madame, de ne pouvoir résoudre toute seule ces petits problèmes. Et vous vous demanderez pourquoi je vous ennuie de pareilles questions, quand je pourrais m'adresser aux dames qui sont près de moi. Oh! elles se moqueraient peut-être, tandis que vous êtes si bonne et si gracieuse que vous n'aurez pour l'ignorante qu'indulgence et sollicitude.

Jozette est-elle toujours sage et belle? Avez-vous eu Jean en vacances du jour de l'an?

Adieu, chère Madame. Je vous embrasse et j'embrasse Jozette. Ne nous oubliez pas auprès de Monsieur de Seillac.

Votre petite amie,

LOUISE SALLUSTE.

### La baronne de Seillac à Louise Salluste.

Lyon, le 17 janvier 18 .

*Ma chère enfant,*

Je suis bien touchée de votre confiance en moi, très fière aussi de celle de votre père, quoique je ne me dissimule pas qu'il exagère mes petits mérites. Je vais, dans tous les cas, essayer de vous être un peu utile.

Je crois que le commandant, pendant quelque temps encore, devra recevoir ses officiers et ses camarades au cercle. Mais il pourra y avoir des exceptions pour des amis intimes. Dans ce cas, vous occuperiez la place de votre pauvre maman, et vous placeriez à votre droite et à votre gauche les convives les plus âgés (à grade égal) — ou ceux d'un grade supérieur; où ceux qui ont un grade plus ancien (s'il s'agissait de tous capitaines, par exemple). Mais votre père sait tout cela.

Précisons encore : il y a deux commandants, le plus ancien est à votre droite, le moins ancien à votre gauche. Ou bien, vous recevez colonel, lieutenant-colonel, commandant, capitaine : le colonel est à votre droite, le lieutenant-colonel à votre gauche ; le commandant à la droite de votre père, le capitaine à sa gauche. Si vous recevez des « civils », sans position définie ou mieux sans fonction, les plus âgés ont droit aux places d'honneur, qui sont à vos côtés.

Vous ne pouvez pas encore avoir de cartes personnelles. Comme vous ne ferez de visites qu'avec votre père (excepté à vos jeunes amies, chez lesquelles votre gouvernante vous accompagnera — ou chez lesquelles une bonne, une femme de chambre peut vous conduire en attendant cette gouvernante), écrivez, en cas de besoin, votre nom sur la carte de votre père : « Mademoiselle Salluste ».

Je ne vous conseille pas non plus de prendre un jour. Cette abstention n'empêchera pas les dames du régiment d'aller vous voir, mais cela fermera la porte aux jeunes officiers.

Restez jeune fille aussi longtemps que possible et gardez auprès de vous, en toutes occasions, la dame anglaise que votre père va appeler dans la maison.

Elle sera présente quand vous recevrez des visites. Vous ne sortirez jamais sans elle, à moins que votre père ne vous offre son bras. Même à l'église, elle doit vous accompagner.

Soyez aimable et bonne pour votre gouvernante, quand même elle aurait quelques petites manies, quelques légers défauts de caractère.

Mais il vous faut, en même temps, avoir une grande confiance en votre père qui vous aime tant. Vous lui direz tout ce que vous pensez ; vous soumettrez à son jugement toute chose qui vous paraîtra mauvaise, injuste, déraisonnable ; vous lui ferez approuver tout ce que vous trouverez bien, juste, raisonnable ; vous ne prendrez aucune décision sans l'avoir consulté, sans avoir obtenu son consentement. Vous lui devez cette déférence, vous vous trouverez très bien de cette prudence.

Et alors, mon enfant, vous marcherez droit dans la vie. Voyez-vous, il faut que, nous autres femmes, nous appuyions notre faiblesse sur une force.

Il n'est aucune tendresse qui surpasse en vigueur la tendresse paternelle. Bien malheureuses sont celles d'entre nous à qui ce puissant soutien a été refusé ; elles sont à plaindre, croyez-moi.

Adieu, ma chère enfant. Je suis à votre disposition chaque fois que vous aurez besoin de mes toutes petites lumières. Trop heureuse si mes conseils vous sont de quelque utilité.

Mille bonnes choses au commandant de ma part et de celle de mon mari, qui vous offre ses hommages.

Jozette vous embrasse de tout son petit cœur ; elle n'oublie pas sa « grande petite amie ». Je vous embrasse bien affectueusement.

BRIVES-SEILLAC.

### Le commandant Salluste à la baronne de Seillac.

Villefranche, le 22 janvier 18 . .

*Chère Madame,*

Je vous remercie, et de toute mon âme, de votre lettre à ma fille. Je voudrais être auprès de vous pour mieux vous exprimer ma gratitude, pour vous dire tout ce que je pense de votre cœur et de votre esprit.

Ah ! vous voudrez bien, n'est-ce pas, écrire quelquefois à ma Louise, la conseiller avec cette délicatesse exquise qui n'éveille pas la curiosité de l'enfant, qui lui laisse toute son ignorance des laideurs, tout en lui indiquant, néanmoins, comment il faut les éviter.

C'est l'esprit de ma chère morte qui m'aura inspiré l'idée de vous intéresser à notre enfant. Elle connaissait bien votre gracieuse en même-temps qu'ardente bonté. Elle sait qu'il vous sera doux de venir en aide à l'orpheline. Sans doute, j'ai confiance en cette Anglaise que m'envoie une bonne parente. Mais il y a un je ne sais quoi que vous seule pouvez enseigner. Je vous supplie donc d'écorner un peu votre cœur pour donner à ma fille cette petite part distraite de vos autres affections.

Avec le plus profond respect, avec le plus grand dévouement, je suis, chère Madame, le plus humble

de vos serviteurs, le plus ardent admirateur de votre
bonté.

                                        SALLUSTE.

Mes bons souvenirs à mon colonel, un gros baiser à Mademoiselle Jozette.


**Madame de Brives au baron de Seillac.**

                            Paris, le 1ᵉʳ juillet 18  .

        *Mon cher Robert,*

Votre lettre si courte de ce matin nous inquiète
beaucoup. Laurence nous disait, il y a deux jours :
« Jozette me paraît un peu fatiguée », et soudainement voilà l'enfant alitée, très malade.

On sent que vous êtes cruellement tourmenté, mon
cher Robert. Je me figure aussi l'anxiété de ma pauvre Laurence. Mais nous voulons croire que vous
vous alarmez beaucoup trop, tous les deux. La chère
petite a une constitution excellente, il est certain
qu'elle pourra réagir contre la maladie.

Aussitôt que vous aurez le diagnostic du médecin,
télégraphiez-nous, écrivez-nous. Combien je regrette

d'être impuissante à vous soutenir dans cette épreuve,
à seconder ma Laurence dans les soins qu'elle donne
à son enfant.

Qu'il est dur d'être clouée sur un fauteuil quand
on devrait être utile, prendre sa part des fatigues;
ce n'est pas assez d'être de cœur avec vous.

Je prie Dieu ardemment. Il guérira ma petite Jozette chérie, il vous délivrera de toute angoisse.

Votre père partira après-demain, qu'un mieux se
produise ou non. Il désire voir notre Jozette, embrasser notre fille et vous, mon ami. Je veux avec lui
ce voyage.

Aucun préparatif pour le recevoir. Il désire ne
pas augmenter vos tracas, mais vous soutenir de sa
tendresse.

Espérons, espérons, Dieu est bon et secourable.

Je vous embrasse, mon cher Robert. Embrassez
bien pour moi ma chère fille et ma bien-aimée Jozette.
Tendresses à tous de votre père.

SERGINES-BRIVES.

**La baronne de Seillac à la marquise de Saint-Fardy.**

Lyon, le 22 juillet 18  .

*Ma chère Lucy,*

Je me réveille enfin du rêve affreux... ou plutôt l'horrible réalité a disparu.

Ma Jozette dort, elle est sauvée ; le médecin me l'a juré, il y a quatre heures.

Mon bon mari me conjurait de m'étendre sur mon lit, de quitter au moins ma robe, mais je ne puis encore lui obéir. Je suis trop agitée, je ne pourrais me reposer en ce moment, je ne pourrais encore prendre aucun soin de ma personne.

Il faut, à chaque minute, que je remercie Dieu de m'avoir laissé mon enfant, il faut que je crie ma joie à tous ceux que j'aime ; il faut que j'aille, à tout instant, regarder ce paisible sommeil où elle est plongée, après tant de fièvre et de souffrance.

Je pleure, je pleure... et cela me fait du bien, car mes yeux sont restés secs pendant toute sa maladie.

Oh ! si tu savais comme elles sont terribles ces heures où l'on croit voir s'en aller la vie de ces jeunes êtres, auxquels on est attachée par des liens plus puissants et plus forts qu'aux jours où ils étaient encore plongés dans nos entrailles ! Si tu savais comme elle est terrifiante cette crainte de les voir nous devancer dans la mort ! Et comme on ressent

14

cruellement les tortures que le mal leur inflige ! On ne peut rien !... et, la gorge sèche, on les regarde se débattre inconscients, porter leur main débile à leur front qui brûle ! Ils murmurent des mots dénués de sens, et on tremble, mon Dieu ! autant pour leur raison que pour leur vie ! Tour à tour les voir secoués par les convulsions, ou sans force, accablés, vaincus : Comment peut-on supporter ce navrant spectacle ?

Pendant dix-huit nuits et dix-huit jours, nous avons été courbés sur son petit lit, le père et moi. Pendant ces longues heures, l'angoisse nous a étreint le cœur et notre pitié pour ce frêle corps endolori, nous a fait éprouver toutes ses souffrances.

Mais chassons le cauchemar. Plus raisonnable que moi, pour me tranquilliser sur son compte, mon bon mari a consenti à se coucher après s'être plongé dans un bain délassant. Par la porte entr'ouverte, j'aperçois son visage fatigué mais détendu... enfin !

Ma fille adorée respire doucement dans son lit tout blanc. Sa petite figure pâlie est calme ; ses yeux ne s'entr'ouvrent plus immenses, démesurés, le sommeil a rabattu ses longs cils sur ses joues maigres et blanches mais qui — Dieu le voudra — reprendront bientôt leur rondeur et leur couleur rose.

Oh ! je bénis de toutes mes forces le Seigneur qui a écouté le cri que je n'ai cessé de pousser vers lui, dès que mon enfant a été menacée. Il l'a conduite aux portes de la mort, mais il me l'a rendue. J'oublie tout, je ne me souviens que du bienfait, de la joie profonde et surhumaine qui m'a inondée, quand j'ai vu que ma prière avait vaincu.

Merci à vous tous qui nous avez soutenus, secourus de votre sympathie, dans ces jours douloureux.

Ma pauvre mère, clouée désormais sur son fauteuil, nous écrivait deux fois par jour. Mon bon père est venu, mais je l'ai forcé à retourner bien vite auprès de notre autre chère malade.

Mon frère et sa femme ont été bons et tendres comme toi et ton mari. Je sentais que vous regrettiez, eux et vous, ces longues distances qui vous empêchaient d'accourir auprès des malheureux que nous étions.

Mon Jean, à qui on avait caché la gravité de la maladie, pour ne pas le détourner de ses études à cette époque de l'année, mon Jean, inquiet quand même, ne nous a jamais écrit aussi affectueusement.

Et tous ceux qui nous connaissent, même peu, se sont ainsi intéressés à elle, à nous.

C'est tout ce fluide de bonté qui a baigné l'enfant d'effluves salutaires, qui a transmis là-haut ma prière désespérée et a sauvé ma bien-aimée.

Depuis qu'elle m'est rendue, il est assez étrange qu'une pensée secondaire me hante sans que je puisse la chasser, et me fasse mal... après avoir cru que je ne me souciais que de sa vie. Il va falloir dépouiller sa tête charmante de la forêt de cheveux châtains qui suffiraient à la faire belle. Couper ses longues tresses d'or bruni... et voir le chagrin que ses seize ans en éprouveront !

Oh ! si je pouvais faire tomber mes cheveux au lieu des siens ; mes cheveux où Robert a découvert avec larmes des mèches blanches en ces dix-huit jours terribles, et que je donnerais si facilement pour elle.

Quand notre fille grandit, devient si belle, qu'elle emplit la maison de rayons, il faut, vois-tu, faire effort pour penser encore à soi. On s'oublie à l'admirer, à aimer sa beauté. Aussi c'est absurde, j'ai peur que ce soit mal, l'idée de toucher à ses cheveux m'obsède, m'empêche d'être complètement heureuse.

J'espère devenir plus raisonnable, quand je serai remise du profond ébranlement que j'ai subi.

Au revoir, ma Lucy. Merci pour ta bonne affection et celle de ton mari. Et maintenant, en m'écrivant, parle-moi de vous.

Je t'embrasse avec une vive tendresse.

Toutes mes sympathies à ton mari. Le mien vous envoie ses meilleures amitiés.

A toi,

LAURENCE.

**La baronne de Seillac à M. et Madame Roger de Brives.**

Lyon, le 3 août 18  .

*Mes pauvres chers amis,*

Si vous saviez comme nous sommes émus, comme nous pleurons avec vous le bien-aimé petit enfant que Dieu vous a repris pour le replacer au milieu de ses anges heureux.

Si vous saviez comme j'ai le cœur serré en pensant à cette douleur qui vous étreint tous les deux, comme je la comprends!... comme je souffre de votre souffrance.

Mais, je vous en prie, soyez courageux. Ma pauvre petite Xénia, posez votre front sur le cœur de Roger. Vous sentirez qu'il vous aime encore mieux dans le malheur qui vous frappe tous deux — et vous le consolerez comme il vous consolera.

Et puis, ce fils que Dieu a laissé si peu de temps à votre tendresse, il peut vous être rendu. J'espère qu'*il reviendra*, que votre maison ne restera pas longtemps sans enfants.

Sans jamais oublier le premier-né, vous serez encore heureux dans les autres ; vous retrouverez le doux sourire effacé, les grâces de l'aîné.

Au revoir, pauvre frère, chère petite sœur. Je vous écrirai de nouveau demain. Vous savez quels soins

14.

me réclament encore. Je vous embrasse avec une tendresse plus grande que jamais. Mon mari, qui est en inspection, vous écrira à son retour.

Je n'ai rien dit à Jozette pour ne pas l'affliger, l'émouvoir en ce moment.

J'envoie pour la chère petite tombe que vous nous ramènerez, un bouquet blanc que le temps ne flétrira pas.

Mille affections encore de

Votre sœur qui vous aime,

LAURENCE.

### Madame Roger de Brives à la baronne de Seillac.

Saint-Pétersbourg, le 17 août 18 .

*Ma bien chère sœur Laurence,*

Je veux avoir le courage de vous remercier de votre lettre. Je croyais que rien ne pourrait me consoler, mais vos douces paroles, l'espoir qu'elles font naître, m'ont jetée, comme vous le vouliez, sur le cœur de Roger, et mes yeux secs ont enfin versé des larmes ; oui, vous avez fait ce miracle.

Mon mari, qui renfonce sa peine pour ne pas augmenter la mienne, va écrire à la meilleure des sœurs. Il est bien triste, le pauvre père ! Il a perdu son fils… et aussi l'héritier de son nom !

J'ai porté tout à l'heure votre bouquet à mon ange adoré et j'ai arrosé sa tombe de mes pleurs. Mon enfant, mon doux enfant, est-il possible qu'il dorme là, au lieu d'être dans mes bras, sur mon cœur !

Oh ! Laurence, quelle tristesse poignante ! Ma sœur, si délicate et tendre, comme vous comprenez, vous qui n'osez pas parler de votre enfant sauvée, vous qui refoulez le cantique de la mère heureuse. Dans notre peine, nous nous associons à votre bonheur, croyez-le ; nous savons gré à Dieu de ne pas vous avoir affligés comme nous. C'est bien dur déjà d'avoir tremblé pour un être si cher.

Adieu, ma sœur aimée. Oui, nous rapporterons notre petit enfant en terre de France. Roger est chez l'ambassadeur. Il vous écrira demain. Je vous embrasse bien des fois pour lui et pour moi. Embrassez notre petite Jozette. Toutes nos affections à Robert.

Votre sœur,

XÉNIA.

### Louise Salluste à la baronne de Seillac.

Tours, le 15 janvier 18  .

*Chère Madame,*

Je me trouve dans ce qu'on appelle l'embarras des richesses.

Il se présente trois prétendants « à ma main », comme on disait. Je ne les connais pas plus l'un que l'autre, c'est-à-dire que je n'ai pas plus dansé avec l'un qu'avec l'autre, et que je n'ai pu me former une idée de l'esprit de l'un ni de l'autre.

On donne sur tous les trois les meilleurs renseignements à papa. Physiquement, ils ne sont pas plus mal l'un que l'autre.

Ils ne diffèrent guère que par la position. C'est peut-être cette position qui guidera ma décision. Mais j'aimerais à savoir lequel vous choisiriez pour Jozette (si elle était en âge de se marier), d'un officier, d'un avocat ou d'un négociant?

Papa, qui n'a pas de préférence et qui me voit très indécise, me conseille de vous demander quelle est, à votre goût, la plus enviable des trois situations pour une fille à marier.

Mais est-ce que je n'abuse pas de votre bonne amitié, chère Madame ? J'ai peur que vous ne me trouviez un peu folle. De fait cette aventure de trois candidats à la fois m'a mise en gaieté. Ne m'en veuillez pas, vous qui êtes si doucement sérieuse.

Je vous embrasse avec une vive tendresse, chère Madame. J'embrasse ma petite Jozette. Bons souvenirs au colonel. De papa, hommages, amitiés.

Votre petite amie respectueuse,

LOUISE SALLUSTE.

*Chère Madame,*

J'ajoute un mot à la lettre de ma fille pour vous prier d'excuser le ton de badinage qu'elle a pris pour vous écrire.

En lui disant de s'adresser à vous, j'ai mon dessein que vous devinez. Il faut mettre du plomb dans cette jeune cervelle.

J'y tâche, mais sans grand succès, car je suis un père faible, je l'avoue, et qui plus est, redoute de passer pour un père barbare.

Louise a pour vous un culte qu'elle n'exprime pas encore comme elle vous le rend au fond du cœur. Une parole de vous la fera réfléchir, l'amènera à comprendre les graves devoirs de la vie.

Nous sommes bien importuns. Mais si vous saviez, chère Madame, quelle respectueuse et vive affection on éprouve ici pour vous, comme on y est attaché à tous les vôtres, vous nous pardonneriez nos « mauvaises façons ».

Veuillez agréer l'hommage de mon respect profond. Offrez, je vous prie, mes souvenirs à mon colonel, et permettez-moi de baiser les doigts roses de Mademoiselle Jozette.

SALLUSTE.

**La baronne de Seillac à Louise Salluste.**

Mâcon, le 19 janvier 18 .

*Ma chère Louise,*

Je ne vous reproche pas votre gaieté. Vous êtes jeune et la mélancolie vous siérait mal. Mais, mon enfant, il faut, permettez-moi de vous le dire, envisager le mariage plus sérieusement que vous ne faites.

Et d'abord, on n'épouse pas seulement une situation, mais un homme. Et en épousant un homme, on assume le devoir de le rendre heureux. Le meilleur moyen de rendre les gens heureux c'est de les aimer.

Je ne puis croire que vous acceptiez de devenir la femme de l'un des « trois candidats », sans éprouver pour lui une sympathie assez vive, de l'estime véritable, c'est-à-dire née de la connaissance que vous auriez de son caractère. J'ajouterai même qu'il faut se sentir *entraînée* vers celui auquel on confie sa vie, — et qui met entre nos mains son honneur, — pour devenir une bonne femme, une bonne mère.

Et comment allez-vous faire, si vous ne pouvez choisir entre les trois? Vous ne les prierez pas, tous les trois à la fois, d'attendre que vous vous soyez interrogée sur leur compte. Ou il faudra leur avouer la situation... qui est presque comique, digne d'un vaudeville. Et cela me fâche pour vous, ma chère Louise, car ce n'est pas ainsi qu'il faudrait préluder à l'action la plus grave de la vie.

Il vaudrait peut-être mieux répondre que vous vous trouvez encore trop jeune pour vous marier. Votre père pourrait demander un an, deux ans encore. Vous réfléchiriez, vous observeriez, vous penseriez aux grands et doux devoirs qui sont le partage des honnêtes femmes.

Quant à mes préférences au sujet de ces positions différentes, qu'avez-vous besoin de les connaître, ma chère enfant? C'est vous qui vous mariez, c'est vous qui devez choisir selon les goûts d'existence que vous avez : simples ou luxueux, tranquilles ou aventureux.

Tout ce que je puis faire, c'est de vous indiquer, à mon point de vue personnel, le pour et le contre de ces positions diverses.

L'état militaire a ceci de grand et de beau, que l'homme qui en fait sa carrière doit être doué de véritables sentiments d'abnégation. Les vertus d'honneur et le dévouement sont pratiquées dans toutes les classes, en notre France chevaleresque, mais l'officier *renonce* à faire fortune, il dit adieu à la liberté, il est toujours prêt à mourir, — à affronter les dangers, les fatigues et les climats contraires. Cela trempe les caractères, frappe un homme du sceau de noblesse morale.

Mais il est vrai que sa femme et ses enfants sont sans cesse menacés dans sa vie. Leur amour est traversé de transes et d'inquiétudes cruelles. Ils ne peuvent s'attendre — qu'exceptionnellement — à vivre dans le large bien-être et avec les agréments procurés par d'autres situations.

Pendant les deux années que mon mari a passées au Tonkin — où il n'avait pas voulu m'emmener, — ma vie a été bien triste et désolée. Mais même au prix des souffrances endurées, je suis fière et heureuse d'être la femme d'un vaillant soldat qui porte haut le culte de son pays.

L'avocat a une mission très belle, lui aussi, puisqu'il défend les faibles ou cherche à obtenir un peu de pitié aux coupables. Je ne veux pas penser une minute que l'homme qui vous recherche en mariage, soit capable de mettre sciemment sa parole au service d'une mauvaise cause, d'une cause injuste. Dans cette position, non plus, il n'y a pas à espérer ces fortunes brillantes que crée si vite l'industrie ou le commerce. Mais on peut vivre décemment, tranquillement, si on sait régler ses goûts et ses besoins.

Un négociant peut, également, fournir une carrière utile et honorable. J'ai rencontré, dans ma vie, une foule d'industriels ou de commerçants dont l'intelligence était vantée, la profonde honnêteté indiscutée et qui avaient rendu des services véritables à leur pays, à l'humanité. La grande fortune, acquise avec honneur, conservée avec sagesse, leur permettait de faire le bien largement — efficacement, puisqu'ils n'en étaient pas réduits aux ardents désirs, aux bonnes intentions.

Mais bien des circonstances peuvent compromettre, détruire l'édifice patiemment élevé. La malechance rend vaines parfois les opérations les plus habiles du négociant. C'est presque un jeu de hasard, aujourd'hui surtout, me dit-on. Et la ruine, l'effondrement qui s'ensuivent sont terribles. Si vous avez besoin de sécurité matérielle, réfléchissez bien avant d'accepter ce genre d'existence.

Voilà la petite consultation que vous désiriez, mon enfant.

Mais elle n'est pas la plus importante, au seuil de la vie nouvelle que vous ferait le mariage.

Il vous faudrait bien connaître le rôle de la femme qui met loyalement sa main dans la main de celui qui l'a choisie. *Elle ne s'appartient plus*, elle doit lui consacrer toutes ses pensées, toute sa tendresse. Le bonheur de cet homme doit devenir sa première préoccupation — et, sans oublier une minute sa dignité de femme, elle doit désormais s'effacer, vivre dans l'orbite de son mari, savoir que lui et les enfants, c'est le cercle sacré pour nous. Heureuses celles qui ne le franchissent jamais.

Ne me prenez pas pour une vilaine pédante, mon enfant. Mais je veux que dès maintenant, vous pensiez aux côtés sérieux et graves du mariage.

Je demande au commandant de vous amener à Mâcon, je continuerais mon petit cours de morale, — et Jozette et moi serions si contentes d'embrasser notre gentille amie.

Je vous embrasse de loin, en attendant, pour elle et pour moi. Affectueux souvenirs du colonel pour le commandant et vous.

Votre amie,

BRIVES-SEILLAC.

**Le général baron de Seillac à M. de Saint-Mestre.**

Paris, le 4 janvier 18 .

*Monsieur*,

Je suis très peiné de ne pouvoir accueillir la recherche, si honorable pour nous, de Monsieur votre fils.

Mais notre fille désire vivre à portée de sa famille et Monsieur René de Saint-Mestre l'entraînerait forcément loin de nous.

Elle aime la vie stable, effacée, tranquille : — le faste et la représentation qu'on exige justement du corps diplomatique effraieraient ses goûts simples.

Ce sont les seules raisons qui l'ont empêchée de répondre affirmativement à une demande en mariage si flatteuse. Elle reconnaît qu'indépendamment de sa brillante situation et de sa réputation d'honneur et de loyauté, Monsieur votre fils a tous les dons pour plaire.

Aussi souhaitons-nous tous qu'il ne soit pas blessé que son désir de s'unir à nous ne puisse se réaliser. Nous en restons touchés et reconnaissants; nous souhaitons le bonheur de Monsieur René de Saint-Mestre et nous lui gardons toute notre sympathie.

Avec la vive expression de nos regrets, je vous prie, Monsieur, de vouloir bien agréer celle de mes sentiments les meilleurs et les plus distingués.

Gal Bon DE SEILLAC.

## Madame de Seyres à la baronne de Seillac.

Bourges, le 5 décembre 18  .

*Bien chère Madame,*

Je viens me jeter dans vos bras, je sais qu'en souvenir de ma mère bien-aimée qui vous était si chère, vous ne me refuserez pas les conseils que j'attends de votre expérience et de votre esprit élevé, comme si j'étais votre Jozette.

Je ne puis, je crois, confier à mon père ce que je vais vous dire; quant à mon mari, vous jugerez — je le pense, du moins, — qu'il est le dernier que je doive mettre au courant de ce qui se passe.

Nous avons au régiment un jeune lieutenant fort aimé et estimé de tous, qui m'était très sympathique, jusqu'au jour où je me suis aperçue que je ne lui étais pas indifférente.

Hélas! cela n'a pas été longtemps. D'autant plus qu'une jeune femme m'a tout de suite et assez malicieusement fait remarquer les regards passionnés dont me couvraient le jeune officier, le changement soudain survenu en lui, si gai autrefois, triste et morne depuis le jour où il m'avait entrevue.

Il est bien vrai que le lieutenant a des attitudes d'insensé lorsqu'il vient en visite chez moi, ou quand je le rencontre dans le monde. Il marche, dit la jeune dame, dans le sillage de la traîne de ma robe.

Enfin les moins clairvoyants commencent à s'apercevoir de sa folie. Que se passerait-il si mon mari y prenait garde ? Je tremble à cette pensée. Je veux empêcher un choc entre ces deux hommes, dont l'un m'est cher et sacré, tandis que l'autre me fait pitié à cause de sa sincérité, de son inconscience et de son respect. Car il ne s'est jamais permis un mot ressemblant à un aveu, et il ne se trahit que par des actes puérils, dénotant — a remarqué ma moqueuse *amie* (!) — une extrême jeunesse de cœur.

Je le rencontre partout où je vais : à la messe chaque dimanche, bien que j'aie essayé de changer souvent l'heure et le lieu où j'accomplis les pratiques de la religion. Il est à la porte de l'église choisie en même temps que moi et, comme il est de *mon* régiment, que je suis censée ignorer ses sentiments, force m'est bien d'accepter l'eau bénite qu'il m'offre et de le voir changer de couleur au contact de mes doigts gantés.

C'est un enfant, je ne voudrais pas l'exposer à la colère de mon mari. Que Dieu me préserve de les jeter l'un contre l'autre, mais une angoisse m'envahit parfois : je puis être mal jugée... par mon mari ; peut-être, mettre en péril le bonheur de notre foyer. Cette pensée me fait presque défaillir.

Oh ! chère Madame aimée, conseillez-moi. Que dois-je faire ? Je suis si persuadée de la rectitude de votre jugement que je suivrai à la lettre et immédiatement la ligne de conduite que vous voudrez peut-être bien me tracer.

Avez-vous de bonnes nouvelles de Jozette? Une de mes espérances est d'aller la voir dans ce beau domaine, auprès de ce mari si digne d'elle; de l'admirer si habile à seconder le grand agriculteur, dont tout le monde prononce le nom avec estime.

Je sais que je puis compter sur une lettre de vous, chère et bonne Madame. Je me permets d'ajouter que je l'attends avec une très vive impatience. Et je vous embrasse bien affectueusement.

Mes bons souvenirs au général.

Votre petite amie respectueuse.

M. DE SEYRES.

## La baronne de Seillac à Madame de Seyres.

Paris, le 7 décembre 18 .

*Ma chère Marthe,*

Je vous remercie de votre confiance et de votre affection.

Vous avez eu raison de compter sur mes petites lumières, car je vous plains bien, ma chère enfant, de vous trouver dans une situation aussi délicate. Heureusement, elle n'est pas inextricable.

Il faut tout de suite appeler votre père à votre
secours, en le priant de prendre un prétexte plausible
pour arriver subitement chez vous.

Dans votre lettre, expliquez-lui ce que vous
attendez de lui, à savoir qu'il doit obtenir du jeune
officier de cesser ses plus innocentes manifestations
d'amour. Il lui demandera même de quitter le régiment. L'éloignement est encore le plus sûr et le
meilleur remède aux affections impossibles. Si le
lieutenant vous aime réellement, pour assurer votre
repos, il acceptera de permuter et, dans ce cas, mon
mari l'aidera de tout son pouvoir à changer de corps.
Nous chercherions en Tunisie.

Le président parlera certainement au jeune fou,
avec toute l'autorité que lui donnent son âge et sa
haute réputation d'honorabilité. Je veux croire que
nous réussirons à vous délivrer des craintes qui
vous assiègent assez justement. Mais si votre mari
venait à s'apercevoir de ce qui existe, la démarche
si touchante que vous avez faite auprès de moi,
celle que vous allez faire auprès de votre père, vous
mettraient dans son esprit, à l'abri de toute pensée
mauvaise.

En attendant, et quoi qu'il arrive, ma chère enfant, évitez le jeune lieutenant. Restez chez vous
autant que possible, vous pouvez bien vous dire un
peu fatiguée, souffrante. Et si la fatalité vous mettait
seule en présence du jeune officier, n'allez pas vous
laisser attendrir par sa sincérité, son respect, son

enthousiasme. Il ne faudrait pas qu'il lût une pitié dans vos regards. Dites-lui que vous ne devez ni ne voulez l'écouter, que votre cœur est tout rempli de l'affection de celui dont vous êtes la femme, et qu'il vous insulte en vous laissant soupçonner qu'il vous aime. Et surtout, mon enfant, où que vous vous trouviez, ne prolongez pas ces entrevues qui ont toujours un côté dangereux. Une femme honnête les fait toujours cesser comme elle veut.

Dites les choses que vous avez à dire sans colère, sans emphase, non seulement parce que c'est de mauvais goût — petite considération auprès des autres — mais surtout parce que les hommes croient toujours pouvoir prendre avantage du courroux d'une femme. Exprimez-vous froidement, nettement et fermement. Ne regardez pas celui à qui vous parlez. Vous êtes à un autre, ma chère Marthe, un mouvement de compassion ne vous est même pas permis. D'ailleurs, il est plus loyal de faire comprendre sur-le-champ aux jeunes hommes qu'ils aiment sans espoir et que toute tentative sera vaine.

Je serais bien heureuse si le président faisait entendre raison au jeune lieutenant. Écrivez-le-moi tout de suite, car je vais désormais penser à vous avec un peu d'inquiétude.

Je viens de recevoir une lettre de Jozette. Elle est toujours plus enchantée de la vie agricole. Elle est en train de faire établir une laiterie modèle. Elle sera bien heureuse de vous recevoir chez elle ; elle n'a pas oublié votre bonne amitié d'enfants ; elle me parle de vous bien souvent.

Je l'attends le 15 décembre, elle vient se ravitailler à Paris pour l'hiver. Elle nous emmènera avec elle, son père, Jean et moi. Elle veut que nous ayons un Noël de neige, en pleine campagne, avec la messe de minuit des laboureurs et des bergers.

Au revoir, ma chère Marthe. Tous mes vœux les meilleurs pour votre paix et votre sécurité.

Je vous embrasse maternellement. Le général vous baise les mains.

Votre vieille amie,

**BRIVES-SEILLAC.**

**Madame Boves à la baronne de Seillac.**

Blois, le 12 août 18  .

*Chère Madame,*

Je suis bien malheureuse, si malheureuse qu'il faut que je me tourne vers vous dans la détresse où je suis retombée. Je vous demande le secours de vos conseils... ou seulement de votre pitié.

15.

Mon mari a recommencé à jouer et à boire. Tous les soirs il rentre dans un état d'ébriété, tous les soirs il a diminué la fortune de nos enfants.

Je souffre comme en ce jour où vous m'avez trouvée au bord du lac et où vous m'avez consolée comme une sœur.

J'ai suivi vos avis d'alors; j'ai parlé avec calme, avec tendresse, j'ai essayé de la douceur. Il a paru touché, mais les passions ont été les plus fortes, elles ont repris le dessus et m'ont vaincue.

Hier, je l'ai menacé de me retirer chez mon père avec nos enfants. Il n'a pas répondu... et il est rentré gris, dans la nuit.

Que feriez-vous à ma place? Mais me comprendrez-vous, chère Madame, vous dont la vie est honorée et heureuse, vous qui ignorez ces douleurs? Oui, vous comprendrez, parce que vous avez le don d'intuition et déjà vous m'avez aidée.

Ne me donneriez-vous que des consolations, j'accueillerais votre lettre avec reconnaissance, mais votre cœur et votre intelligence vous dicteront les sages conseils qui me traceront la ligne de conduite à suivre.

Écrivez-moi donc, par pitié pour mes pauvres anges. C'est eux qui me font hésiter. Seule, je n'écouterais que ma dignité et ma fierté... le dégoût qui m'emplit le cœur.

Je vous embrasse, chère Madame, et je vous prie

de me pardonner la tristesse que cette lettre vous apportera.

Vôtre affectueusement,

R. BOVES.

**La baronne de Seillac à Madame Boves.**

Seillac, le 15 août 18  .

*Pauvre chère Madame,*

Je vous comprends, parce que je sens tout ce qu'il doit y avoir de douleur dans la privation de certains biens; parce que je sais que les nobles femmes ne peuvent aimer sans estimer, et qu'il est profondément triste de ne pouvoir plus respecter le père de ses enfants.

De toute mon âme, je voudrais vous consoler, vous aider à refaire votre vie. Et il est bien difficile de vous guider dans la résolution à prendre.

Vous retirer chez votre père, l'abandonner à ses passions, c'est bien grave. D'autre part, il est plus que fâcheux de laisser ses enfants vivre à ses côtés, puisqu'ils ont l'âge de connaissance et qu'ils s'apercevront bientôt des terribles défauts de leur père.

Ne pourriez-vous les éloigner? les envoyer en pension dans la ville habitée par votre père?

C'est dur de vous priver de votre unique bonheur, mais c'est un austère devoir qui le commande, il ne faut pas les rendre témoins de ce qui se passe, il faut jeter un manteau sur les fautes de leur père.

Vous resterez encore, mettant, bien entendu, votre fortune à l'abri, car elle appartient à vos enfants. Vous lutterez encore contre les deux passions redoutables, essayant de l'en distraire par des plaisirs, des voyages, un séjour à la campagne, peut-être, où il perdrait ces terribles habitudes de cercle de province.

Connaissez-vous, dans sa famille, quelqu'un qui ait sur lui une influence véritable? Une sœur, un parent? Appelez celui-là à votre aide. Qu'avec vous on lui représente qu'il va perdre l'amour et le respect des siens, la considération et l'estime du monde; qu'il met sa fortune — la fortune de ses enfants — et sa santé en péril.

Vous, adjurez-le bien au nom de la tendresse passée, au nom de celle que vous lui rendrez s'il veut changer. Parlez au nom de ses enfants que déjà il est incapable d'élever, qu'on dirige sans s'inquiéter de sa volonté, dégradation qui devrait réveiller sa fierté.

Dites ces choses avec l'autorité que donne la tendresse maternelle, mais sans vous emporter, sans trop récriminer. Soyez calme, ferme et douce.

Et s'il se repent, s'il essaie de se corriger, soutenez-le d'une vive tendresse, d'une affection pleine d'abnégation, car il est le père de vos enfants. L'amour est souvent un sauveur. Ne vous lassez pas encore. Essayez de le relever, ce malheureux que vous avez aimé, soyez-lui indulgente comme une mère.

Il n'est pas méchant, m'avez-vous dit? Un bon mouvement peut le ramener à vous, à lui-même ! lui faire retrouver sa dignité d'homme, de père.

Je vous suis dans cette lutte sainte, de toute ma sympathie. Je fais des vœux ardents pour que vous triomphiez du mal. Les bons anges seront avec vous. .. Je vous embrasse, chère Madame, attristée mais encore pleine d'espoir.

Bien à vous,

BRIVES-SEILLAC.

### La baronne de Seillac à Madame X***.

Lyon, le 30 janvier 18 .

*Bien chère Madame,*

Je pense à vous avec une émotion très douloureuse, jamais ma sympathie pour vous ne fut plus vive.

Je me figure si bien l'état où vous êtes : tantôt en proie à une douleur lancinante, sans trêve, tantôt abattue en une prostration non moins terrible. Et je vous plains de toute mon âme et je pleure avec vous, sur vous.

J'aurais voulu courir à Mâcon, mais mon mari est très souffrant. Et puis ne sais-je pas qu'il doit vous être odieux de voir troubler votre solitude, votre recueillement en une pensée unique. Je sais que les peines telles que celle qui vous accable ne se laissent pas consoler, ne veulent pas diminuer d'intensité... qu'on perdrait quelque chose à moins souffrir.

Mais vous sortirez pourtant de cet état violent, chère Madame, et ce sera par amour, pour vous occuper de ceux qui vous aiment et que vous aimez toujours plus que vous ne pensez, car — n'est-ce pas? — vous croyez votre cœur enseveli avec le jeune mort, il vous semble qu'il a emporté toutes vos puissances d'affections. On doit éprouver ce sentiment, quand cette horrible douleur vous atteint, quand on est frappé de ce malheur contre nature.

Mais, au contraire, tout en gardant le souvenir vivant, présent, ardent de votre fils adoré, vous reverserez sur le père, sur vos autres enfants cette part de votre tendresse que vous ne pouvez plus donner qu'en pensée au premier-né !

Pour ceux qui restent et qui sont si dignes d'amour, eux aussi, vous vous reprendrez à la vie... à leur vie. C'est votre cœur qui vous y portera, votre cœur encore plus que le devoir devant lequel vous vous êtes toujours inclinée.

Et vos larmes, pour toujours couler deviendront plus douces, car on n'aura rien à leur reprocher. Vous les essuierez parfois pour sourire à ceux qui vous entourent. Et, vous verrez, cette abnégation qui vous fera repousser la volupté de la douleur en diminuera la terrible âpreté.

Et puis, de ce beau jeune mort, vous n'avez que de doux souvenirs; aucune pensée amère ne trouble vos regrets. Vous avez fait pour lui au delà de ce que doivent les mères, il a été le fils le plus affectueux et le plus reconnaissant. Dieu l'a enlevé à ce monde pour lui en épargner les tristesses, les suprêmes tristesses... comme celle-là qui vous courbe sur son tombeau. Bénissez donc en pleurant, pauvre chère Madame, et en aimant; vous ne trouverez de soulagement qu'en vous perdant tout entière dans les chers autres.

Je vous embrasse avec une tendresse de sœur. J'irai à vous dès que vous m'appellerez, chère Madame, dès que vous pourrez surmonter votre abattement.

Mes souvenirs bien sympathiques à Monsieur X..., à tous les enfants qui vous restent. Mon mari me charge de vous exprimer la part qu'il prend à votre chagrin à tous.

BRIVES-SEILLAC.

### M. X*** à la baronne de Seillac.

Mâcon, le 3 février 18  .

Merci à vous, Madame, qui savez si bien trouver les paroles qu'il faut dire.

Ma pauvre femme a fait un effort pour sortir de l'accablement où elle était plongée. Elle recommencera et, de jour en jour, aidée par vous, retrouvera la force de nous aimer.

Je vous devrai beaucoup, Madame. J'étais bien malheureux. Ce silence qu'elle gardait, ce visage pétrifié m'effrayaient. Elle a beaucoup pleuré après avoir lu votre lettre. Elle la relit souvent. Elle attire ses enfants autour d'elle et baise leurs yeux et leurs cheveux. Elle me serre affectueusement la main, elle gémit sur mon cœur.

Soyez bénie et que Dieu vous garde, Madame. Venez bientôt nous voir.

Votre reconnaissant et dévoué,

X.

Mes affectueux souvenirs au colonel. Est-il bien remis? J'embrasse votre belle petite fille.

### La baronne de Seillac à Madame Z***.

Seillac, le 1er septembre 18  .

*Bien chère Madame et amie;*

La douloureuse nouvelle nous a profondément émus et nous pensons à vous. le cœur serré, des larmes dans les yeux.

La mort aveugle vient d'emporter un homme utile et bon, qui avait à vivre pour les autres. Elle brise le plus doux bonheur, elle vous fait infiniment malheureuse.

Je vous plains, je vous plains. Il est affreux de perdre son ami le plus cher, le père de ses enfants, le compagnon de route terrestre qu'on s'était choisi. Oui, je le sens, un abîme s'est tout à coup ouvert devant vos pas.

Pleurez ! oh ! pleurez ! qui voudrait vous refuser la volupté des larmes ? Mais à travers ces larmes, ne cessez pas de voir les enfants qu'il vous a laissés, dont vous allez être appelée à diriger seule le cœur, l'esprit, la vie ; dont vous serez à la fois la mère... et le père. Devoir double, devoir austère, mais dont l'accomplissement vous sauvera du désespoir.

Vous leur enseigniez à aimer, vous aurez de plus à leur indiquer les voies de l'honneur, vous aurez à les guider dans les chemins épineux de ce monde. Mais ce sera votre salut. Vous avez désormais besoin d'une mission très haute et très sainte pour traverser la vie sans dégoût.

Mon mari se met, chère Madame et amie, à votre entière disposition pour exécuter, à votre place, une foule de choses au milieu desquelles il est pénible à une femme de se débattre, dans les premiers instants surtout. Il considérera comme un honneur que vous vous serviez de lui. Usez de son offre, je vous en prie, il en sera trop fier.

Au revoir, Madame et bien chère amie. Embrassez pour nous vos chers enfants et veuillez croire à notre attachement profond qui, jamais, ne fut si vif.

Jean et Jozette embrassent tendrement leurs petits amis Lucien et Mariette.

A vous,

BRIVES-SEILLAC.

**Madame Z*** à la baronne de Seillac.**

Paris, le 10 septembre 18  .

*Madame et chère amie*

Je ne vous écrirai qu'un mot, mais je voudrais y mettre toute la tendresse et la gratitude que déjà j'éprouvais pour vous, mais que votre bonne et si affectueuse lettre... votre lettre si fortifiante a doublées, s'il était possible.

Merci, merci. Je veux mériter votre estime et, pour cela, je remplirai ma tâche si lourde, mais qui me donnera la seule consolation que je veuille chercher à cette douleur horrible qui m'étreint. Je vous suis reconnaissante de si bien la comprendre et de m'avoir exprimé votre sympathie avec tant d'affection.

A vous de cœur, plus que jamais.

LUCIENNE Z.

A tous les vôtres merci, en mon nom, en celui de mes enfants.

**La baronne de Seillac à M. R***.**

Lyon, le 20 octobre 18 .

*Cher Monsieur,*

Je me figure le déchirement de votre cœur; je sens que, dans la détresse où vous êtes, les consolations banales vous font peur, et j'en comprends bien l'impuissance.

Aussi ne tenterai-je pas d'adoucir un chagrin, dont vous ne voudriez pas voir diminuer l'âpreté.

Je vous dirai seulement que nous vous enveloppons de notre sympathie, que nous pensons beaucoup à vous, que nous regrettons avec vous la gracieuse, la charmante jeune femme que Dieu vous a prise... pour la délivrer des douleurs que la vie réserve à tous.

Je vois votre foyer bien triste et bien vide, depuis que celle qui en était la joie vous a été enlevée, je ne vous demanderai donc pas de cesser de pleurer. Oh! non. Mais je vous supplierai, au nom de la douce femme qui vous aimait, de ramasser votre pinceau, de travailler, de vous plonger dans cet art qu'elle admirait, de ne pas dédaigner cette gloire dont elle se plaisait à vous voir entouré. Cherchez un peu de soulagement dans l'idéal. Et pensez à l'au-delà où vous la retrouverez.

Au revoir. Mon mari vous serre affectueusement les deux mains. Moi, je vous prie de croire, cher Monsieur, que je conserve de la jeune morte un doux, un ineffaçable souvenir, et que les larmes me montent aux yeux en pensant à votre solitude.

BRIVES-SEILLAC.

### M. R*** à la baronne de Seillac.

Paris, le 1er novembre 18  .

Merci, oh ! merci, Madame. Je viens d'aller porter des fleurs sur sa tombe toute fraîche et je lui ai dit votre sympathie pour elle et pour moi.

Je vais travailler, je vous le promets. Mais si gloire il y avait, j'y tenais pour en auréoler son front.

Mais l'art, l'idéal ne souffrent pas de désertion. Vous avez bien fait de me le rappeler. Je reprendrai donc mon pinceau. Je veux copier le portrait que j'ai fait d'elle, il y a quelques années, et cette copie sera pour vous.

Mes amitiés au colonel. Mes baisers à Mademoiselle Jozette.

A vous, Madame, ma bien respectueuse et très reconnaissante affection.

JACQUES R***.

### La baronne de Seillac à Madame V***.

*Seillac, le 5 août 18 .*

*Chère Madame,*

Je vous adresse toutes mes félicitations et celles de mon mari. Je vous prie de les partager avec Monsieur V***.

Nous envoyons à la gracieuse fiancée mille bons vœux de bonheur. Mon mari, qui sait ce que vaut le fiancé, est bien certain de ce bonheur.

Mais j'ai surpris un soupir au milieu de votre joie, chère Madame. Je comprends, allez, ce sentiment fait de satisfaction et de regret. Satisfaction de voir votre chère fille prendre place dans la vie aux côtés d'un homme digne d'elle, regret de voir l'enfant bien-aimée s'éloigner de la maison.

Vous sentez déjà le vide qu'y fera son départ. Ce sont de dures nécessités pour les mères, mais c'est la loi de nature. On ne peut, hélas! retenir les oisillons au nid quand leurs ailes se sont ouvertes. C'est pour cela que nous voudrions garder nos enfants toujours petits, pour qu'ils restent à nous, pour les abriter toujours. Oui, mais nous disparaîtrons les premiers, alors ils se trouveraient seuls. La loi est donc bonne qui veut que nous les confiions à d'autres mains avant de partir.

Soyez forte, chère Madame... pour me consoler plus tard à mon tour.

J'embrasse la plus charmante des fiancées. Mon mari baise le bout de ses doigts et les vôtres. Nos bons souvenirs à Monsieur V***.

Bien affectueusement vôtre,

BRIVES-SEILLAC.


**Le baron de Seillac au lieutenant-colonel Dubarray.**

Lyon, le 19 avril 18  .

*Mon cher Dubarray,*

J'apprends avec une vive joie que tu vas coudre sur ta manche le cinquième galon. Voilà qui est bien mérité et peu de nouvelles pouvaient me rendre aussi heureux.

J'espère être le premier à te saluer dans ton nouveau grade, mon cher camarade.

Le régiment où tu es promu saura vite t'apprécier, comme celui que tu quittes aura peine à t'oublier.

Je t'écris le pied sur l'étrier, partant en marche militaire, mais je ne veux pas retarder cette lettre.

Fraternelle et joyeuse accolade.

SEILLAC.

*Cher Monsieur,*

Je veux ajouter une ligne à cette lettre de mon mari, qui est aussi heureux que le jour où ce cinquième galon lui fut accordé.

Je vous félicite de tout mon cœur. C'est justice, mais on sent toujours un frisson de joie quand justice est rendue.

Jozette félicite aussi son ami « le colonel », et l'embrasse.

Croyez, colonel, à mes sentiments les meilleurs et les plus distingués.

BRIVES-SEILLAC.

**Le lieutenant-colonel Dubarray au baron et à la baronne de Seillac.**

Paris, le 14 avril 18

*Chère Madame,*

Je vous remercie de vos si aimables lignes et je vous prie d'offrir à mon cher Seillac mes remerciements pour ses bonnes félicitations. Ce sont celles qui m'ont le plus vivement touché, que j'ai senti être les meilleures et les plus sincères.

Je passerai par Lyon en gagnant ma garnison.
J'aurai le plaisir de vous saluer et de serrer la main
de mon ami le plus cher.

Je veux aussi embrasser ma petite amie Jozette,
qui voudra bien préparer une place pour une poupée
nouvelle.

Veuillez recevoir, chère Madame, l'expression de
ma très respectueuse amitié. J'embrasse mon cher
Seillac et ma petite Jozette.

Vôtre,

H. DUBARRAY.


**Le baron de Seillac au général B***.**

Lyon, le 14 juillet 18 .

*Mon général,*

Je suis bien heureux de vous saluer du titre de
votre nouveau grade.

Le 201ᵉ doit pleurer son colonel. Mais l'armée se
réjouit de vous voir appelé à un poste où vous
pourrez mieux encore servir le pays, donner
plus de preuves encore de vos capacités militaires.

Veuillez, mon général, agréer mes respectueuses félicitations et l'expression de mon dévouement.

SEILLAC.

## Le général B*** au baron de Seillac.

Paris, le 18 juillet 18  .

*Mon cher colonel*,

Votre billet m'a été agréable, entre toutes les félicitations que j'ai reçues.

Je me souviendrai toujours avec un vif plaisir, mon jeune collègue d'hier, de nos bonnes relations de Lyon.

Mes hommages à la plus charmante des jeunes dames. Un gros baiser à petite Jozette.

Vôtre, bien affectueusement.

B***.

**La baronne de Seillac à la générale B***.**

Lyon, le 14 juillet 18  .

*Madame,*

Nous venons de voir à l'*Officiel*, la nomination de Monsieur B***. Pas de colonel n'était plus digne d'échanger les cinq galons contre les étoiles. Nous sommes bien heureux de votre joie. Mon mari vous prie d'agréer ses sincères félicitations ; j'y joins les miennes qui sont très affectueuses, vous le savez.

Veuillez recevoir, Madame, l'expression de ma vive amitié pour vous et pour le général.

Mon mari vous présente ses respectueux hommages.

BRIVES-SEILLAC.

**La générale B*** à la baronne de Seillac.**

Paris, le 18 juillet 18  .

*Chère Madame,*

Votre empressement à vous associer à notre joie nous a vivement touchés, mon mari et moi. Nous n'oublions pas, du reste, toutes les preuves d'aimable sympathie prodiguées par la gracieuse jeune femme du collègue de mon mari, au vieux ménage du 201e.

Nous parlons souvent de vous, du colonel, de Jozette et de Jean.

Nous vous reverrons avec un plaisir infini.

Quand venez-vous à Paris, cette année?

Croyez, chère Madame, à mon attachement bien vif et bien sincère. Le général est à vos pieds.

J'embrasse petite Jozette.

L. B***.

### Le baron de Seillac à M. G***.

Lyon, le 16 juillet 18  .

*Mon cher ami,*

Personne ne prend une part plus douloureuse que moi au malheur qui brise ta carrière.

Tu m'es trop connu pour que je voie dans le coup qui te frappe, autre chose qu'une injustice du sort. Je le répète à tous : tu es la victime d'une horrible malechance, d'une terrible fatalité.

Eh bien! oui, tu es renversé! mais tu n'es que malheureux. Ton honneur reste intact.

Dis-moi si je peux quelque chose pour t'aider à

refaire ta vie et Dieu sait avec quelle ardeur je m'emploierai à ton service.

Écris-moi donc. Je serre tes deux mains, mon pauvre ami, avec plus d'affection que jamais.

SEILLAC.


Courage, cher Monsieur. Le cœur de vos amis est toujours à vous. Vous êtes devenu encore plus cher à mon mari.


Vives amitiés.

BRIVES-SEILLAC.


**M. G*** au baron de Seillac.**

Boulogne, 19 juillet 18  .

*Mon cher Seillac,*

Une lettre comme la tienne, une ligne comme celle que Madame de Seillac y a ajoutée effacent bien des heures de souffrance.

A tous deux, merci, du fond du cœur.

Dans cet effrondement, vous m'avez soutenu avec

16.

une affection, une délicatesse que je ne saurais oublier. Encore merci pour la consolation envoyée.

Si j'ai besoin d'aide, c'est à toi seul que je m'adresserai.

Affections à toi. Respects dévoués à Madame de Seillac.

L. G***.

## Le baron de Seillac à l'évêque de Périgueux.

Château de Seillac, juin 18 .

*Monseigneur*,

Vous faites à notre paroisse l'honneur de la choisir pour y donner le sacrement de confirmation à nos enfants et à ceux des environs.

Mais le presbytère est bien petit pour vous recevoir, et notre curé vénéré est bien peu habitué aux réceptions.

Voudriez-vous accepter, en ma maison, pour vous et pour tous ceux qui vous accompagnent, une hospitalité très modeste, mais pleine d'un cordial respect?

Je suis dans ces sentiments, de Votre Grandeur, le très humble serviteur.

BARON DE SEILLAC.

### Madame S*** à la baronne de Seillac.

Ribérac, rue de la Prairie, n° 1

1er novembre 18  .

*Madame la baronne,*

Bien que vous paraissiez rarement dans la contrée, tout le monde y fait l'éloge de votre adorable bonté.

Vous connaissant si accessible à tous, j'ose donc venir vous exposer ma situation si triste et si précaire.

J'ai perdu, il y a quatre mois, mon mari, qui était percepteur de... Il m'a laissée sans ressources, avec trois enfants. Ses trop courts services dans l'administration ne nous ont pas donné droit à la pension qu'on accorde à la veuve et aux orphelins. Le malheureux père s'est vu mourir et la pensée de cette détresse où nous serions plongés, lui disparu, a profondément troublé ses derniers moments.

Jusqu'ici, j'ai vécu, dans mes larmes et mon déchirement, de quelques économies péniblement amassées. Elles s'épuisent, qu'allons-nous devenir ? La demande que j'ai adressée pour obtenir un bureau de tabac restera peut-être bien longtemps encore sans effet.

Je voudrais du travail. Oh ! je vous en prie, Madame, secourez-moi, conseillez-moi, vous dont l'intelligence est à la hauteur de la bonté.

Une de mes filles, qui est près de sa seizième année, souhaiterait aussi gagner son pain, pour diminuer mes charges. Mais que trouver pour elle ?

Pardonnez-moi d'être venue ainsi à vous sans aucun titre à votre bienveillance. Le pressant besoin que j'ai d'être aidée, ce que l'on m'a raconté de votre accueillante bonté, m'ont fait négliger les formes ordinaires.

Veuillez donc m'excuser, Madame, et agréer l'expression de la respectueuse sympathie que vous m'avez inspirée comme à tous ceux qui parlent de vous — et qui m'a enhardie à frapper à la porte de votre cœur.

J. S***.

### La baronne de Seillac à Madame S***.

Seillac, le 3 novembre 18 .

*Madame,*

On m'a dit de vous beaucoup de bien, votre lettre parle suffisamment en faveur de votre intelligence et de votre instruction, et votre âge, grâce à Dieu, n'est pas un obstacle aux démarches que je veux tenter pour vous assurer une situation dans une administration de l'État.

Si vous n'éprouviez pas de répugnance pour la

position d'institutrice d'enfants arriérés dans un hospice de l'Assistance publique, je pourrais facilement vous la faire obtenir. Une vacance vient de se produire à l'asile de... et le directeur de cet asile, un de mes parents, pourrait vous faire bénéficier d'un événement tout à fait inopiné.

J'avais pensé à un emploi de receveuse des postes, mais on exige, aujourd'hui, deux ans de stage pour acquérir l'instruction professionnelle... et vous ne pouvez attendre.

Cette idée m'a servi, toutefois, pour votre fille aînée. J'ai vu M<sup>me</sup> la receveuse de B. qui consentirait à recevoir la jeune fille dans son bureau, en qualité d'aide, mais sans pouvoir lui donner d'appointements pendant deux ans. Ce serait toujours le vivre et le couvert pour la fillette, qui préparerait, en même temps, son avenir dans l'administration si honorable des postes et des télégraphes ; ce serait une décharge pour vous, il n'y aurait plus, jusqu'au jour où elle gagnerait quelque chose, qu'à entretenir l'enfant de vêtements simples.

Pour son frère et sa sœur, on verra plus tard, vous pourrez, pour commencer, les garder avec vous.

Croyez, Madame, à l'empressement que je vais mettre à transformer ces projets en réalité, si vous me donnez votre acquiescement. Et soyez bien persuadée de toute ma sympathie et de mon désir de réussir.

BARONNE DE SEILLAC.

**Madame S*** à la baronne de Seillac.**

Ribérac, rue de la Prairie, n° 1.

4 novembre 18 .

*Madame la baronne,*

Votre lettre si bonne et si consolante m'a fait beaucoup de bien.

Je vais attendre avec calme l'effet de vos généreuses démarches.

Je suis trop heureuse d'accepter la position honorable que vous voulez bien essayer de m'obtenir. Malgré la tristesse de la séparation, ma fille envisage avec résolution, avec joie même, la possibilité de se créer un avenir, tout en diminuant mes charges.

Je bénis votre délicate bonté qui place l'enfant à peu de distance de la mère pour qu'elles puissent s'embrasser quelquefois.

Que Dieu vous rende, en bonheur pour vos enfants, le bien que vous faites par vos douces paroles et votre charité active.

Veuillez, Madame, agréer l'expression de ma fervente gratitude et de ma sympathie respectueuse.

J. S***.

### Madame G*** à la baronne de Seillac.

Périgueux, rue du Clos, n° 2.

6 avril 18  .

*Madame la baronne,*

On m'a dit que vous êtes parente de M. le ministre du commerce, auquel j'adresse une demande d'emploi dans l'administration des postes et télégraphes.

On m'a assuré aussi, Madame, que vous accordez toujours votre aide à ceux qui font appel à votre bonté. Je viens donc à vous avec confiance, tout en vous priant de me pardonner de prendre cette liberté, inconnue que rien ne recommande à votre bienveillance... si ce n'est son malheur, mais on m'a persuadé que c'est un titre à vos yeux.

Je suis veuve, depuis deux mois, d'un très digne fonctionnaire de l'État, enlevé trop jeune pour que son temps de service ait pu valoir une pension à sa survivante. J'ai une petite fille à élever. Je ne possède aucune fortune. Il me faut donc gagner ma vie et celle de mon enfant.

On m'a encouragée à vous envoyer ma demande à M. le ministre du commerce, en vous suppliant de la transmettre avec un mot de recommandation.

On a ajouté que votre cœur si grand et si doux serait attendri par ma triste situation, que vous ne refuseriez pas d'employer votre influence en ma faveur.

Je veux le croire, j'ai tant besoin d'espérer.

Daignez recevoir, Madame, l'expression des sentiments très respectueux de celle qui met en vous tout son espoir.

R. G***.


## A Monsieur le Directeur général d es postes.

Périgueux, le 9 avril 18  .

*Monsieur le Directeur général,*

Fille d'un magistrat qui n'a pu laisser aucune fortune à ses enfants, veuve d'un fonctionnaire de l'État, mère d'un enfant de trois ans, je crois posséder quelques titres à votre bienveillance.

Mon mari, que j'ai perdu il y a deux mois, était receveur de contributions indirectes à .....

Sans avoir personnel, lui non plus, il a eu la douleur en mourant de savoir sans ressources sa femme et son enfant : son temps de service étant insuffisant pour assurer une pension à sa veuve et à l'orpheline.

Mais je puis recourir au travail pour élever notre enfant.

J'ai donc l'honneur de vous demander de vouloir

bien me faire admettre, en qualité d'employée, dans un des services de l'administration des postes à Paris.

Oserais-je ajouter que le temps presse ?

Je suis avec le plus profond respect,

Monsieur le Directeur général,

Votre très humble servante,

R. G***.

A Périgueux, rue du Clos, n° 2.

**La baronne de Seillac à Madame G***.**

Lyon, le 19 avril 18 .

*Madame,*

J'envoie à mon père votre demande et les pièces qui y sont jointes. Il les remettra, lui-même, entre les mains du ministre avec la plus chaude recommandation.

Je les accompagne de tous mes vœux. Mais votre situation est trop intéressante, vos titres sont trop réels pour que cette belle requête de travail soit rejetée.

Je vous écrirai de nouveau, dès que j'aurai reçu
une réponse de mon père.

Courage et espoir, quelque chose me dit que vous
réussirez.

Croyez, Madame, à mes sentiments sympathiques
et les meilleurs.

BARONNE DE SEILLAC.


**Madame G*** à la baronne de Seillac.**

Paris, rue...., n°..., le 10 septembre 18  .

*Madame et chère protectrice* (oh ! permettez-moi ce
mot !),

C'est à vous que vont tout d'abord mes remerciements. Vous sauvez ma fille et moi de la misère et
de ses mille dangers ; quelle reconnaissance ne vous
dois-je pas ?

Et non seulement pour le bienfait, mais pour la
délicatesse exquise dont vous enveloppez les grands
services rendus.

Et vous ne vous contentez pas d'assurer un morceau de pain à ceux qui vous ont tendu la main. Vous
continuez à les entourer d'une vive sollicitude, vous
ne vous désintéressez plus d'eux.

Vous pensez qu'avec le millier de francs qui constituera mes appointements pendant les deux premières années, j'aurai quelque peine à vivre. Oh ! que non, Madame. Je prendrai un tout petit logement de deux pièces : pour une fillette et une jeune femme, c'est assez. J'ai un petit mobilier suffisant, je suis bien approvisionnée de linge. Mes vêtements actuels bien soignés, bien entretenus, dureront longtemps encore, une enfant si jeune coûte peu à habiller. Je suis végétarienne. J'élève mon enfant à ce régime, où j'admets le lait et les œufs. Ce genre de nourriture n'occasionne pas de grandes dépenses. Il me reste entre les mains une somme de cinq cents francs pour les cas imprévus.

Ma fille ira à l'école enfantine, on me la gardera de neuf heures à cinq, où je sors des bureaux. De six heures du matin à neuf, j'aurai le temps de mettre en ordre mon petit ménage, d'apprêter le repas du soir et le déjeuner frugal que nous emporterons chacune. J'habillerai l'enfant, je la conduirai à l'école en me rendant à mon travail.

Au sortir de l'Administration, je promènerai un peu ma fille ; rentrée au logis, je m'occuperai de blanchir, de raccommoder nos vêtements. J'aurai grand courage, j'arriverai à vivre honorablement.

Le travail acharné me sera salutaire. Il m'empêchera de concentrer mes pensées sur la perte si cruelle que j'ai faite. Je veux continuer à aimer le cher, le doux compagnon de vie que la mort m'a enlevé, je vivrai toujours en lui, mais je sens que je ne dois pas me laisser entièrement absorber par mes souvenirs : le père veut que je pense à l'enfant. Avec ce vide terrible dans le cœur, je serai pourtant forte et résignée.

Je sollicite cependant une consolation, celle de vous écrire quelquefois, Madame. Vous ne me répondrez pas régulièrement. Je ne voudrais pas vous imposer une charge qui pourrait être lourde, étant données les occupations nombreuses que vous crée votre cœur. De temps en temps, une fois par an, vous accorderez un souvenir, une bonne parole à celle qui vous bénit, vous aime et vous vénère.

Ma fille et moi baisons vos mains bienfaisantes.

A vous dans le dévouement le plus absolu, Madame, avec la reconnaissance la plus vive.

R. G***.

Que Dieu sourie toujours à vos enfants, à tous ceux que vous aimez.

### La baronne de Seillac au colonel H***.

Château de Seillac, par Périgueux, le 8 mai 18  .

*Cher Monsieur,*

Le frère d'une jeune fille à laquelle je m'intéresse beaucoup, fait son temps dans votre régiment. Il a nom Marcel Durand (de Seillac), il est caporal à la 3ᵉ compagnie du 2ᵉ bataillon.

Sa sœur va se marier. Elle voudrait que le jeune caporal, son frère aîné, lui servît de témoin, ... et prit part aux fêtes du mariage. Cette gentille fiancée est persuadée que je puis obtenir que vous lui *prêtiez* son frère pour quatre jours.

Moi, je ne sais trop si mon pouvoir de... *collègue* va jusque-là.

Dans tous les cas, la requête est pressante, la noce étant fixée au 15 mai. Pour cette raison majeure, je ne fais pas passer la supplique par les mains de mon mari, qui est dans sa garnison.

Je vous transmets donc moi-même la prière, avec un vague, un petit espoir que vous l'exaucerez.

Croyez, colonel, à mes sentiments les meilleurs.

BRIVES-SEILLAC.

### Le colonel H*** à la baronne de Seillac.

Dijon, le 10 mai 18  .

*Madame,*

Je suis trop heureux de pouvoir réaliser le désir d'une personne à laquelle vous vous intéressez.

La jeune fiancée aura son frère aîné pour toute la durée des fêtes nuptiales. Son capitaine lui accorde huit jours.

Veuillez, chère Madame, agréer l'expression de mes très respectueux sentiments.

L. H***.


### À Monsieur le Directeur général des contributions indirectes.

le ,.. 18  .

*Monsieur le Directeur général,*

Je viens de perdre mon mari qui était commis de la recette des contributions indirectes de...

Sa mort soudaine me laisse dans un état de gêne inévitable. Outre que je suis réduite aux seules et précaires ressources que va me procurer mon tra-

vail de femme, j'ai encore à solder les nombreuses
dépenses qu'un décès entraîne, et celles que plusieurs
maladies antérieures de mon mari avaient occa-
sionnées.

Je viens demander à l'Administration de vouloir
bien me secourir dans la position pénible où je me
trouve.

Mon mari comptait plus de douze années de service, toutes les retenues qui lui ont été faites pour
la retraite sont naturellement perdues pour moi.

Mais j'espère assez en votre bienveillance pour
croire que vous voudrez bien vous intéresser à ma
triste situation, et que vous aurez la bonté de me
faire obtenir un secours, qui m'aiderait à sortir des
embarras où je suis plongée.

Je suis avec respect,

Monsieur le Directeur général,

Votre très humble servante,

L  M***, femme B***, à

**La duchesse de Thècle à la baronne de Seillac.**

Toulouse, rue ...., n° ..., le 4 mai 18 .

*Madame,*

Nous voudrions inscrire votre nom sur les listes de notre œuvre « ... ».

Accepterez-vous de nous aider à faire un peu de bien? Je le crois, si vous ressemblez à votre grand'-mère qui fut une de mes amies les plus chères. Vous lui avez peut-être entendu parler de moi, quelquefois?

C'est en évoquant son souvenir très doux, que la pensée m'est venue de m'adresser à sa petite-fille, qu'une réputation de bonté a précédée ici.

Quelle que soit, du reste, votre décision, veuillez croire, chère Madame, à mes sentiments les meilleurs et les plus distingués.

L. DUCHESSE DE THÈCLE.

## La baronne de Seillac à la duchesse de Thêcle.

Toulouse, le 5 mai 18  .

*Madame la duchesse,*

Je vous remercie beaucoup d'avoir pensé à moi et j'accepte avec empressement l'honneur que vous voulez bien me faire.

Très souffrante depuis mon arrivée, je ne peux aller vous porter ma réponse en personne, et c'est mon état de malaise qui nous a empêchés jusqu'ici, le général et moi, de vous rendre nos devoirs.

Je suis pourtant bien impatiente de vous connaître Madame, ma chère grand'mère m'a si souvent parlé de sa belle et intelligente amie. Votre affection lui était précieuse entre toutes, et ma mère, elle aussi, est restée sous l'impression de votre grâce et du charme de votre esprit.

Ma grand'mère aurait certainement éprouvé une grande joie de savoir que vous aviez bien voulu associer sa petite-fille à une de vos bonnes œuvres.

Veuillez, Madame la duchesse, agréer l'expression de ma très respectueuse sympathie.

BRIVES-SEILLAC.

**La baronne de Seillac à Madame la Présidente de l'Œuvre de « ... », à Bagnères-de-Luchon.**

Toulouse, 10 mai 18 .

*Madame,*

Je suis désolée d'être obligée de vous refuser mon humble concours.

Mais je fais déjà partie de plusieurs œuvres qui absorbent tout le temps et l'argent qu'il m'est permis de consacrer à la charité. De plus ma vie un peu errante et mouvementée, me rend impropre aux fonctions que vous vouliez bien me confier !

Je regrette beaucoup de perdre une occasion d'être un peu utile, et aussi de me voir forcée de décliner l'honneur que vous vouliez bien me faire.

Veuillez, Madame, agréer mes remerciements, avec l'expression de mes sentiments les plus distingués.

BARONNE DE SEILLAC.

### Madame T*** à la baronne de Seillac.

Toulouse, hôtel de la Préfecture, le 12 mai 18 .

*Chère Madame,*

J'organise à l'hôtel de la Préfecture une vente de charité, au profit de l'Œuvre de « ... ».

Je voudrais vous compter au nombre des vendeuses, vous confier le comptoir japonais. Votre charme est si grand, si universellement reconnu, que vous nous feriez une recette énorme.

Puis-je compter sur votre gracieux concours?

Croyez, chère Madame, à mes sentiments les plus sympathiques.

L. T***.

Je prie le général d'appuyer mes instances et j'embrasse votre Jozette.

**La baronne de Seillac à Madame T***.**

Toulouse, le 12 mai 18  .

*Chère Madame,*

Comptez sur moi, je suis très heureuse de rendre à l'Œuvre un aussi léger service.

Vous vous exagérez mon « grand charme », mais j'emploierai mes petits moyens pour attirer les acheteurs.

J'ai justement beaucoup de bibelots japonais amassés dans les cotillons, j'en enrichirai mon comptoir avec un vif plaisir.

Mon mari était bien décidé à user de son autorité, si j'avais pu résister à vos instances. Ma fillette, très reconnaissante du souvenir nominal, vous baise la main.

Je vous prie, chère Madame, de recevoir l'expression de toute ma sympathie.

BRIVES-SEILLAC.

« *Monsieur le préfet* » sera-t-il de retour pour la vente?

*Carte d'invitation à la vente de charité.*

M...,

Vous êtes prié de vouloir bien, etc.

De la part de la baronne de Seillac, qui vendra le 21 mai. Comptoir japonais.


## Madame de Saint-P*** à la baronne de Seillac.

Chalet des Gentianes.

Bagnères-de-Luchon, 19 mai 18  .

*Chère Madame,*

Contrairement à mes prévisions, je serai encore à Bagnères le 21. J'ai un grand regret de ne pouvoir aller faire des achats au comptoir japonais de la vente de charité de notre préfète ; je suis privée d'un vif plaisir.

Mais je tiens à grossir un peu votre recette et je vous prie d'accepter cette petite offrande, pour ajouter aux grosses sommes que vous allez gagner aux pauvres de Toulouse.

Je l'accompagne de mes vœux pour le succès du comptoir japonais. Tout le monde dit qu'il sera dévalisé, pour l'amour de la vendeuse.

Je vous expédie des petits bouquets de fleurs résistantes de montagne. Le plus gros est destiné à votre salon, les autres à votre comptoir. Ils peuvent, je pense, être ajoutés aux magots et aux éventails.

Vives amitiés. Baiser à Jozette. Souvenir au général.

M. DE SAINT-P***.

### Le vicomte de Toury à la baronne de Seillac.

Saint-Gaudens, le 19 mai 18 .

*Madame*,

Une prolongation de permission m'a été accordée, je ne rentrerai donc pas à Toulouse après-demain.

Je serais certainement allé acheter des écrans au comptoir japonais de la vente de charité de la Préfecture. Permettez-moi de vous en envoyer le prix, afin de ne pas causer le moindre préjudice aux pauvres de Toulouse.

Merci, Madame, de ne pas m'avoir oublié. Mes hommages les plus respectueux avec l'expression de mon dévouement.

VICOMTE DE TOURY.

Mes respects à mon général.

*Cartes de visite :*

### La baronne de Seillac

remercie Madame de Tréfoïl du bibelot adressé au comptoir japonais. Et envoie ses meilleurs compliments à l'aimable donatrice.

### La baronne de Seillac

avec l'expression de toute sa sympathie et ses vifs remerciements pour l'offrande envoyée avec tant de grâce par Madame Adam, à la caisse de la vendeuse du comptoir japonais.

### La baronne de Seillac au docteur Louis M***.

Toulouse, le 30 mai 18

*Monsieur,*

Je viens de lire avec un attendrissement profond l'appel que vous faites au cœur des mères. Votre œuvre de rédemption de l'enfance est une des plus belles et des plus utiles qui soient.

Je vous adresse, pour les pauvres petits coupables recueillis, une offrande modique ; je voudrais la centupler.

Comme il faudra vous bénir, Monsieur, d'avoir amené au bien tant de jeunes êtres délaissés ou pervertis par le malheur et la misère.

Voilà qui vaut mieux que l'amélioration des races chevalines, qui excite tant d'intérêt.

Veuillez recevoir, Monsieur, l'expression de ma sympathique admiration pour vos hautes vertus et votre incomparable charité.

BARONNE DE SEILLAC.

**La baronne de Seillac à M. Henri S***, sculpteur-statuaire.**

Toulouse, le 30 juin 18 .

*Cher Monsieur,*

Mon mari, qui s'est foulé le poignet, ne peut vous féliciter lui-même du beau et très légitime succès que vous obtenez au Salon.

De l'avis de mon père, de mon frère, de tous les amis qui nous écrivent, votre œuvre est superbe, non seulement par l'exécution dont disent merveille tous les gens compétents en matières artistiques, mais aussi par la composition, qui dénote un esprit si élevé, une si noble conception de l'idéal... C'est ce qui frappe et retient surtout les femmes qui me parlent de votre admirable groupe.

La première récompense vous appartient d'ores et déjà.

Personne ne s'en réjouira plus sincèrement que le général et moi. Nous attendons avec impatience la bonne nouvelle.

Croyez-nous, cher Monsieur, vos admirateurs bien affectueux et sympathiques.

BRIVES-SEILLAC.

## La baronne de Seillac à M. Sirizki, violoniste.

Toulouse, le 20 novembre 18 .

*Monsieur*,

Je réunirai chez moi, dans quinze jours, une centaine de personnes auxquelles j'ai beaucoup vanté votre merveilleux talent. Je ne crois pas pouvoir leur offrir une fête comparable à celle que vous leur donneriez, si vous vouliez bien jouer chez moi.

J'attends votre réponse pour leur annoncer — si elle est favorable — qu'elles entendront ce violon célèbre qui, sous votre magique archet, prend une âme.

Toutes vos conditions seront les nôtres, me charge de vous dire mon mari, et nous resterons vos obligés.

Veuillez, Monsieur, recevoir l'expression de mes sentiments très distingués, et celle de mon admiration pour votre beau talent.

BARONNE DE SEILLAC.

## M. Sirizki à la baronne de Seillac.

Toulouse, le 21 novembre 18 .

*Madame,*

Comment ne pas réaliser un désir exprimé si gracieusement? J'aurai l'honneur de jouer chez vous, le jour que vous me désignerez.

Les éloges que vous voulez bien faire partout de ce que vous appelez mon talent me sont revenus, et m'ont vivement touchés, tombés des lèvres d'une musicienne telle que vous, et bien que je les sache autant inspirés par votre bonté que par votre goût. Le général de Seillac ne voudra-t-il pas me tenir compte de ces sentiments et ne pas insister pour me payer d'un plaisir que vous aurez bien voulu me procurer?

Veuillez, Madame, agréer l'expression de mon très profond respect.

SIRIZKI.

**La baronne de Seillac à M. de Bloques.**

Lyon, le 10 février 18  .

*Cher Monsieur,*

Quelle aimable et gracieuse surprise vous m'avez faite ! avec quel plaisir n'ai-je pas déballé ce bouquet superbe et parfumé qui embellit mon salon et l'embaume, faisant l'admiration, l'envie peut-être de tous nos visiteurs.

Merci pour ces fleurs si rares et si belles, merci plus encore de cette pensée que vous avez eue pour moi, du pays enchanté où vous êtes allé soigner votre convalescence.

Nous sommes très heureux, mon mari et moi, de vous savoir plus content de votre santé. Nous faisons des vœux pour que cette amélioration s'accentue de jour en jour, de telle façon que vous puissiez plus encore jouir de votre séjour au bord de la mer Bleue.

Au revoir, cher Monsieur, croyez à mes affectueux sentiments et encore merci de tout cœur.

Mon mari et les enfants vous envoient mille bons souvenirs.

BRIVES-SEILLAC.


### La baronne de Seillac à M. Ternière.

Lyon, le 10 août 18  .

Quelles pêches merveilleuses, cher Monsieur. J'étais absolument ravie en les sortant une à une du panier où vous les aviez rangées avec tant de soins entre les roses et les belles feuilles de vigne colorées.

Votre jardin plein de parfums doit être un vrai paradis, inspirateur pour le poète.

Merci, merci pour l'envoi, pour la si gracieuse attention surtout.

Tous mes bons vœux pour votre santé et votre paix au milieu des fleurs. Et nos vives et sincères amitiés, cher Monsieur.

BRIVES-SEILLAC.

*Cartes de visite pour exprimer des remerciements :*

### La baronne de Seillac

qu'une névralgie retient à la maison depuis quelques jours, ne veut pas attendre plus longtemps pour remercier Madame Blaise de la délicieuse brioche bénite et de son aimable attention.

Souvenir bien affectueux de toute la famille.

### La baronne de Seillac

envoie ses meilleurs compliments à Mademoiselle de Brice et lui retourne le joli livre avec ses remerciements pour le plaisir qu'elle a trouvé à faire cette lecture.

### Le comte de Toursel

présente ses hommages à Madame la baronne de Seillac et la prie d'accepter les fleurs qu'elle a admirées hier, en passant devant sa grille.

### Madame de Cannes

retourne à la baronne de Seillac les livres si gracieusement offerts et qui ont été lus avec un intérêt *passionné*. Les plus vifs remerciements et de très affectueux souvenirs.

### La baronne de Seillac à Madame X***.

Mâcon, le 15 février 18  .

*Chère Madame,*

Le médecin me défend de fatiguer mon pied foulé, je me vois donc réduite à vous écrire pour vous demander de nous faire le grand plaisir de venir dîner avec nous, jeudi prochain 23.

J'espère que vous voudrez bien accepter notre invitation et que si Madame votre fille arrive dans l'intervalle, elle sera assez aimable pour vous accompagner.

Le colonel vous présente ses respects, chère Madame, et moi je vous prie de recevoir l'expression de mes très affectueux sentiments.

BRIVES-SEILLAC.

**La baronne de Seillac à Madame Z***.**

Lyon, le 10 mars 18  .

*Chère Madame,*

Le violoniste Sirizki m'a promis de jouer chez moi
jeudi soir. J'espère que vous voudrez bien venir l'entendre, me donnant ainsi le vif plaisir de vous voir.
Les Quatre Cheminées sont si peu éloignées de la
ville, que cette courte promenade dans votre excellente voiture ne peut vous effrayer beaucoup.

Permettez-moi de compter sur vous et croyez,
chère Madame, à ma bien vive sympathie.

Le colonel est à vos pieds.

BRIVES-SEILLAC.

**Le colonel de Seillac au général M***.**

Tournelles, le 28 août 18  .

*Mon général,*

Voulez-vous me faire l'honneur de dîner chez moi
demain, après la revue, avec vos aides de camp.

Vous ne trouveriez pas aux environs la plus humble
auberge où vous puissiez manger avec vos officiers.

Ma femme s'est, au contraire, un peu organisée dans ce pays perdu où mon régiment devait séjourner pendant quelques mois.

Nous réunirons à vous les colonels T. B. et J. (1).

Nous espérons que vous voudrez bien accepter notre modeste hospitalité.

Je suis avec respect, mon général, votre très dévoué subordonné.

SEILLAC.

Colonel du 115<sup>e</sup> régiment d'infanterie de ligne.

**Le baron de Seillac au colonel Ch***.**

Mâcon, le 6 mars 18 .

*Mon cher camarade,*

Ma femme et moi vous prions de vouloir bien venir partager notre déjeuner de famille, jeudi prochain 10 mars.

Nous parlerons de notre ancien et toujours cher bataillon. Nous croirons nous retrouver parmi nos chasseurs et il est agréable de rajeunir pendant quelques heures.

(1) Quand un supérieur est invité par un inférieur, celui-ci donne le nom des autres convives masculins.

Nous comptons sur vous, n'est-ce pas, mon cher camarade. Je vous présenterai mes héritiers.

Votre dévoué,

SEILLAC.

## Madame de Toulet à la baronne de Seillac.

Le Goubet, 16 février 18 .

*Bien chère Madame,*

Une vilaine fluxion, qui me défigure, me prive du plaisir d'assister au dîner auquel vous aviez bien voulu me convier.

Je regrette beaucoup de perdre une occasion de vous voir, et je suis contrariée de vous prévenir si tard. Mais vous savez que cet affreux mal de dents arrive soudainement et sans crier gare.

Plaignez-moi, non pas de souffrir, mais de renoncer aux agréables instants que j'aurais passés auprès de la plus charmante des femmes.

A vous de cœur.

L. DE TOULET.

Souvenirs au général et à mamz'elle Jozette.

### Madame Raiselles à la baronne de Seillac.

Croix-Rouge, le 11 mars 18   .

*Chère et gracieuse Madame,*

Quelle charmante et généreuse idée de nous faire entendre le violon sans pareil.

Il n'y a que vous pour saisir au vol le passage d'un artiste célèbre afin de procurer un plaisir rare à vos amis.

Il n'y a non plus que vous pour obtenir du capricieux Sirizki qu'il daigne jouer en un salon. Votre charme a opéré sur lui à distance.

A jeudi soir, et très heureuse. Merci.

Affectueusement vôtre,

B. RAISELLES.

### Le baron de Seillac à M. Z***.

Mâcon, le ...   18   .

*Monsieur,*

Le colonel du 175ᵉ de ligne — promu au grade de général, vous le savez, — m'a proposé — comme à son remplaçant au régiment — l'appartement qu'il occupait dans la maison qui vous appartient à Lyon, place de la Charité.

Je ne demanderais pas mieux que d'accepter ses offres, mais je voudrais savoir, auparavant, si vous seriez disposé à faire, dans cet appartement, que j'ai visité, toutes les réparations nécessaires.

Le salon, notamment, a besoin d'être remis complètement à neuf : peinture et papier de tenture, plafond et vitrage des fenêtres.

Les conduites d'eau fonctionnent mal, il y faudrait remédier. Les fourneaux de la cuisine sont insuffisants ; ma femme désirerait un appareil plus pratique, plus moderne, plus économique.

Voulez-vous que nous discutions ces choses à Saint-Rambert ou à Lyon? Dans le premier cas vous me fixeriez un jour où je pourrais aller vous trouver chez vous ; dans le second je vous prierais de vouloir bien vous rendre vendredi prochain à Lyon, où je vous attendrais vers dix heures au Grand-Hôtel.

Je serais bien aise d'être immédiatement renseigné sur vos intentions. Soyez assez aimable pour me répondre le plus tôt possible.

Veuillez, Monsieur, recevoir l'expression de mes sentiments distingués.

BARON DE SEILLAC,
Colonel commandant le 175e d'infanterie de ligne.

**Le baron de Seillac à M. L***, médecin-vétérinaire
à Périgueux.**

(Carte-lettre ou carte-correspondance.)

Seillac, le 10 mai 18   .

*Cher Monsieur,*

Mon cheval me paraît tout fiévreux, vos soins lui
seraient bien nécessaires.

Voudriez-vous prendre la peine de venir l'examiner
le plus tôt qu'il vous sera possible? Je vous serais
bien obligé.

Veuillez, cher Monsieur, croire à mes sentiments
les meilleurs.

SEILLAC.

**Le baron de Seillac à M. L***, agent de change.**

(Carte-lettre ou carte correspondance.)

Toulouse, le 1er décembre 18   .

*Cher Monsieur* (ou *Monsieur*),

Je vous prie de vouloir bien m'acheter douze obligations de ... au cours de ce jour.

**Ou**

Je vous serais obligé de vouloir bien vendre au cours de ce jour les dix obligations Ville de Paris, émission 18.. contenues dans cette lettre.

Veuillez, Monsieur, recevoir l'expression de mes sentiments distingués.

BARON DE SEILLAC.

**Le baron de Seillac au docteur M*** (ou à M. F***, avocat).**

(Carte-lettre ou carte-correspondance.)

*Cher docteur* (ou *Cher Monsieur*),

Je vous prie de vouloir bien m'adresser votre note d'honoraires, que je solderai en passant chez vous, dès que je l'aurai reçue.

Veuillez, cher docteur (ou cher Monsieur), recevoir mes meilleurs — ou mes affectueux — compliments.

SEILLAC.

18.

*Cher docteur (ou Cher Monsieur),*

Avec mes nouveaux et très vifs remerciements pour les bons soins que vous avez donnés à ma femme (*ou — à un avocat —* pour vos bons offices dans ce difficile procès), je vous adresse le montant de votre note d'honoraires.

Veuillez, cher docteur (ou cher Monsieur), recevoir l'expression de mes meilleurs sentiments.

SEILLAC.

## La baronne de Seillac à Mademoiselle Lomont, couturière.

(Carte-lettre ou carte-correspondance.)

Toulouse, le 1<sup>er</sup> décembre 18 .

*Mademoiselle,*

Des circonstances tout à fait indépendantes de ma volonté m'empêcheront de rester chez moi demain. Je suis donc forcée de remettre l'essayage de ma robe à la semaine prochaine.

Nous conviendrons d'un jour, si vous le voulez bien, toujours à la même heure puisqu'elle vous est commode.

Veuillez, Mademoiselle, recevoir mes meilleurs compliments.

BARONNE de SEILLAC.


**La baronne de Seillac à Mademoiselle Lomont, couturière.**

Toulouse, le 15 mars 18  .

*Mademoiselle,*

Ma jaquette de drap beige laisse beaucoup à désirer. Il est fâcheux que je n'aie pu vous recevoir quand vous me l'avez livrée, car il va être nécessaire d'y retoucher.

Voudriez-vous bien m'envoyer votre essayeuse qui constaterait sur moi les défectuosités du vêtement? J'espère que ce sera chose facile à réparer.

Veuillez, Mademoiselle, recevoir mes meilleurs compliments.

BARONNE de SEILLAC.

### La baronne de Seillac à M. Chéry, épicier.

(Carte postale.)

Toulouse, le 15 mars 18  .

La baronne de Seillac prie Monsieur Chéry de vouloir bien lui faire apporter demain cinq kilos de chocolat de la Compagnie coloniale.

Compliments empressés.


### La baronne de Seillac à M. Chéry, épicier.

(Carte-lettre ou carte-correspondance.)

Toulouse, 1er mai 18  .

*Monsieur Chéry,*

Je ne suis pas satisfaite de votre livraison d'hier. J'aurais besoin de vous voir, pour m'expliquer avec vous sur quelques points : marchandise et facture. Voudriez-vous bien passer chez moi un de ces jours, dans la matinée ?

Recevez, je vous prie, Monsieur, mes compliments empressés.

BARONNE DE SEILLAC.

## La baronne de Seillac à M. Duval, négociant.

(Carte-postale.)

Toulouse, 1er mai 18  .

*Monsieur,*

J'ai reçu votre facture, elle est très exacte. Vous pourrez, dès demain, faire passer chez moi pour en toucher le montant.

Veuillez, Monsieur, recevoir mes compliments empressés.

BARONNE DE SEILLAC.

## Madame Ariel à la baronne de Seillac.

Saint-Gaudens, rue ...., n° ..., le 15 juin 18  .

*Madame,*

Une jeune fille — Marie Cler — qui était à votre service en qualité de femme de chambre, voudrait entrer chez moi au même titre.

Si elle avait consenti à habiter Paris, vous l'auriez replacée vous-même, m'a-t-elle dit, chez votre meilleure amie, Madame de Saint-Fardy. Dans tous les cas, vous lui avez délivré un excellent certificat.

Cependant, je désirerais quelques renseignements de plus sur son compte. Pour quelle raison vous a-t-elle donc quittée? Est-elle aussi habile qu'elle le prétend en couture, repassage et coiffure?

Je vous demande bien pardon de vous obliger à m'écrire. Mais vous vous intéressez sûrement à Marie Cler et ce que vous me direz d'elle pèsera beaucoup sur ma décision à son égard.

Veuillez, Madame, recevoir l'expression de mes sentiments très distingués.

M. ARIEL.

### La baronne de Seillac à Madame Ariel.

Toulouse, le 16 juin 18 .

*Madame,*

Je me suis séparée de Marie Cler avec beaucoup de regret. Elle a quitté ma maison parce qu'elle a repoussé la proposition de mariage qui lui avait été faite par un de nos serviteurs mâles, dont nous n'avions non plus qu'à nous louer, qui est le compatriote de mon mari et compte déjà de longues années à notre service.

Dans les conditions créées par son refus, Marie Cler a compris qu'il fallait que son prétendant ou elle s'éloignât. Elle a décidé que c'était à elle de partir.

Son caractère est très doux, en même temps que droit et sûr. Elle accompagnait souvent ma fillette dans ses sorties, c'est vous dire quelle confiance elle mérite.

Elle coud fort bien, elle repasse à merveille, elle coiffe avec goût. Elle apporte à tout ce qu'elle fait beaucoup de soins et d'attention. — Dans les jours de presse, dans les coups de feu, elle ne plaint jamais ses peines.

Je me permets de vous la recommander très chaudement. Je la voudrais heureuse et tranquille.

Veuillez, Madame, recevoir l'expression de mes sentiments les plus distingués.

BARONNE DE SEILLAC.

**Le baron de Seillac à l'ordonnance Claude Blaise.**

Seillac, le 22 septembre 18 .

Le lieutenant-colonel de Seillac souhaite le bonjour à Claude Blaise et à Martin Morel et leur annonce qu'il arrivera à Mâcon avec sa famille le 27 septembre à dix heures du matin.

En conséquence, il prie Claude Blaise de préparer les appartements et de les aérer. Martin Morel voudra bien apprêter pour le déjeuner de ce jour une côtelette, des œufs et une salade.

### Le baron de Seillac à M. Laurent, garde au château de Seillac.

Lyon, le 24 août 18  .

*Mon cher Laurent,*

Nous arriverons tous à Seillac le 28. Aie l'obligeance de venir nous chercher au train de Paris de quatre heures du soir.

Madame de Seillac te prie de demander à Suzette Poivin de préparer les appartements pour nous recevoir; c'est-à-dire apprêter les lits, après avoir exposé au soleil matelas, traversins, oreillers, draps, couvertures, etc., pendant toute une journée. Il faudra aussi qu'elle nettoie la maison. Tu la dirigeras un peu, puisque c'est pour la première fois que nous l'employons.

Pour notre arrivée, elle voudra bien tenir prêts : un pot-au-feu, une salade et un légume quelconque.

Je me réjouis de te voir bientôt, mon bon Laurent,

j'espère que tu seras fort et ingambe, nous allons chasser sans nous arrêter.

Madame de Seillac te dit mille choses affectueuses.

Les enfants t'embrassent. Je te serre la main bien amicalement.

SEILLAC.


### Le garde Laurent au baron de Seillac.

Seillac, le 30 décembre 18  .

*Monsieur le baron,*

Je vous souhaite d'abord une heureuse année et une bonne santé, et je vous prie de vouloir bien présenter de ma part les mêmes vœux à Madame la baronne et à vos chers enfants.

J'ai tué samedi, sur la prière de M. de Model, un énorme chevreuil dans sa forêt de Calville. M. de Model a voulu que j'emporte une gigue de la bête et je me permets de vous l'envoyer.

Il fait si froid que je peux la faire voyager en toute assurance et, même, Monsieur le baron, veuillez avoir la bonté de dire à votre cuisinier militaire qu'il devra laisser cette viande se mortifier quarante-huit heures encore après son arrivée. Il y aura six jours entre le coup de fusil et la broche, ce n'est que tout juste le temps voulu.

J'ai ajouté des noisettes pour Monsieur Jean et Mademoiselle Jozette : elles viennent de votre bois de Sainte-Claudette. La pomme monstre, qu'on m'a donnée comme curiosité à la ferme d'Épelles est pour Madame la baronne.

Veuillez, Monsieur le baron, agréer l'expression du dévouement de votre vieux et attaché

LAURENT.


Je salue bien Madame la baronne et j'embrasse Monsieur Jean et Mademoiselle Jozette.


### La baronne de Seillac au garde Laurent.

Lyon, le 2 janvier 18  ..

*Mon bon Laurent,*

M. de Seillac et les enfants se joignent à moi pour vous remercier de vos bons souhaits. Nous vous envoyons les nôtres : que l'année vous soit douce, mon bon Laurent, que vos rhumatismes ne vous tourmentent pas en cet hiver si rigoureux.

Nous avons reçu vos excellentes provisions avec un très grand plaisir. Selon vos instructions, nous ne mangerons la gigue que demain. M. de Seillac dit que ce morceau de chevreuil sera exquis parce qu'il aura le goût du terroir, le goût du Périgord.

Les enfants sont si contents de croquer les noisettes de Sainte-Claudette que si je les laissais faire, il n'en resterait plus ce soir. Quant à ma belle pomme rouge, je veux la laisser exposée dans la salle à manger pendant quelques jours, avant qu'on y goûte. Vous vous êtes privé de tout cela pour nous; nous vous en savons bien gré, nous vous en remercions bien.

Le panier a dû se croiser avec une petite caisse à votre adresse, où vous aurez trouvé des bas que je vous ai tricotés, du thé, du café, du tabac et trois bouteilles de vieux rhum. M. de Seillac, qui n'a pas le temps de vous écrire aujourd'hui, ajoute à ma lettre un petit billet de banque. Vous recevrez une lettre de lui dans quelques jours; il est bien pris en ce moment, mais il veut vous souhaiter lui-même une bonne année et vous parler du clos Doré.

Au revoir, mon bon Laurent, soignez-vous bien, afin qu'à l'automne, nous vous retrouvions en bonne santé.

M. de Seillac vous serre la main bien fort. Les enfants vous embrassent de tout leur petit cœur.

Et, moi, je vous prie de croire à ma bonne affection.

BARONNE DE SEILLAC.

## La baronne de Seillac à Mademoiselle Jacqueline Billot.

Seillac, le 20 septembre 18  .

*Ma bonne Jacqueline,*

Je suis heureuse des nouvelles que vous me donnez de votre mère. J'espère que sa convalescence sera rapide. Mais prenez tout le temps nécessaire pour la soigner et la remettre sur pied.

Je serai pourtant contente de vous retrouver. La jeune fille qui vous remplace est pleine de bonne volonté, ce qui est beaucoup, mais elle est peu habile. A votre retour, il est convenu qu'elle entrera comme bonne d'enfants chez Madame de Teillières. Nous ne la perdrons pas de vue, c'est une excellente nature.

Au revoir, ma bonne Jacqueline. Bons souhaits de santé à votre mère. Je lui adresse aujourd'hui six bouteilles de vin vieux et six robes de nuit à moi, qui sont un peu usées, mais n'en seront que plus douces pour une malade.

Mademoiselle Jozette, qui vous embrasse, qui est bien impatiente de vous revoir, la prie d'accepter son foulard blanc. Monsieur est très content que vos inquiétudes aient pris fin. Lui et Monsieur Jean vous disent bien des choses.

Croyez, mon enfant, à mes bons sentiments pour vous.

BARONNE de SEILLAC.

# TABLE ANALYTIQUE

# TABLE ANALYTIQUE

# Première communion :



# Premières amitiés :



# Fiançailles :

## Vie conjugale :

## Naissance d'enfants :

## Affections familiales :

## Vie sociale :

## Affaires :

## Serviteurs :



8727-94. — CORBEIL. Imprimerie ED. CRÉTÉ.

LÉON CHAILLEY, Éditeur
8, RUE SAINT-JOSEPH — PARIS

## EXTRAIT DU CATALOGUE

# Traditions Culinaires

ET

## *L'art de manger*

## *toutes choses à table*

PAR

## La Baronne STAFFE

### *10ᵉ Édition*

Un fort volume in-18, reliure anglaise. . . . . . . . . 4 fr.

## EXTRAIT DE LA TABLE DES MATIÈRES

------

C'est bien plus aux maîtresses de maison qu'à leurs cuisinières qu'est destiné ce nouveau livre dans lequel l'auteur a recueilli une foule de détails qui sont d'une très grande importance, au point de vue de la *vraie* économie, de la salubrité, de la bonne préparation, du goût et du savoir-faire.

La préparation des repas est une partie très importante du ménage. S'occuper de cuisine, soit pour la préparer de ses mains, soit pour la surveiller et la diriger dans ses grandes lignes, est un devoir de la femme dans toutes les conditions sociales.

L'auteur n'a voulu présenter à ses lecteurs qu'une cuisine saine et nourrissante, délicate cependant, expérimentée par quatre ou cinq générations de gastronomes à la fois sobres et difficiles à satisfaire, une qualité et un défaut indispensables pour faire un gourmet.

Ce n'est pas tout, les façons élégantes devant, à notre époque, faire partie du bagage de tous, à quelque classe qu'on appartienne, la baronne Staffe n'a eu garde de manquer d'enseigner la manière de faire servir les plats, non plus que la façon de manger toutes choses à table.

Ce livre fera perdre toutes appréhensions aux personnes qui craindraient de laisser deviner leur ignorance des usages de la table. Elles y trouveront les renseignements délicats qu'elles ne veulent pas demander à leurs connaissances, à leurs amis plus instruits en ces matières.

----

**On recevra le volume franco :**

En adressant 4 francs en timbres ou mandat-poste à l'éditeur

Léon Chailley, 8, rue Saint-Joseph, Paris

----

6727-94. — Corbeil. Imprimerie Éd. Crété

# LES GUIDES ILLUSTRÉS
## De la Vie Pratique

PAR

## R. MANUEL

## AVIS

Il ne nous paraît pas nécessaire de préciser le but que nous poursuivons en publiant ces GUIDES DE LA VIE PRATIQUE. Toutefois, il est un point sur lequel nous tenons à insister, c'est qu'il n'existe pas d'ouvrages similaires.

On trouve, à la vérité, des manuels, des encyclopédies, des livres technologiques, très bien faits, très complets, très savants. Mais ces livres ne sont pas à la portée de tout le monde ; ils ont été conçus dans un but théorique, non dans un but pratique.

Nos GUIDES ne sont rien moins que des livres d'enseignement. Leur auteur est simplement un amateur qui, pour les besoins de son ménage ou pour son plaisir, s'est instruit de tout ce qui touche à la direction d'une maison.

L'idée lui est venue de donner une forme à ces connaissances, de les grouper et de faire profiter le public de sa science, très élémentaire, très modeste, mais incomparablement utile.

# LES GUIDES ILLUSTRÉS
## DE LA VIE PRATIQUE
### Par R. MANUEL

COLLECTION DE VOLUMES IN-18 RAISIN
Reliés toile, tranches rouges
à **3 fr. 50**

LES

# PETITES INDUSTRIES D'AMATEUR
## TRUCS, PROCÉDÉS ET TOURS DE MAIN
POUR ENTRETENIR, CONSTRUIRE ET RACCOMMODER SOI-MÊME LES OBJETS
DE MÉNAGE

*(286 gravures de Louis Trinquier)*

SEPTIÈME ÉDITION

LES

# *Plantes d'Appartement*
## DE FENÊTRE, DE BALCON
### *DE TERRASSE ET DE SERRE*
CULTURE — ENTRETIEN — REPRODUCTION — CONSERVATION

*(101 gravures de Louis Trinquier).*

QUATRIÈME ÉDITION

LES

# PETITS ARTS D'AMATEUR
*Peinture sur bois, sur verre, sur vélin, sur étoffe*

BOIS DÉCOUPÉ, MOULAGE, ETC.

**Fleurs artificielles. — Habillage de meubles, etc., etc.**

*(148 gravures de Louis Trinquier)*

QUATRIÈME ÉDITION

# COLLECTION

# de Romans pour Tous

GAMOND (Pierre de)

**Pascale.** 1 vol. in-18 jésus. . . . . . . . . . . 3 50

GUÉRY (Louis)

**Le plus heureux temps de la vie.**
1 vol. in-18 jésus. . . . . . . . . . . . . 3 50

JULLIOT (F. de)

**La Folle du Logis.** 1 vol. in-18 jésus. . . . 3 50

LAVEDAN (Henri)

**Une Cour.** 1 vol. in-18 jésus. . . . . . . . . 3 50

MARGUERITTE (Paul)

**Ma Grande.** 1 vol. in-18 jésus. . . . . , . . . 3 50

ROSNY (J.-H.)

**Vamireh.** 1 vol. in-18 jésus. . . . . . . . . . 3 50

VARIGNY (C. de)

**Les Ruines d'Uxmal.** 1 vol. in-18 jésus. . . 3 50

# CHEMIN DE FER DU NORD

20 Octobre 1894.

# PARIS-LONDRES

## QUATRE SERVICES RAPIDES QUOTIDIENS DANS CHAQUE SENS

*Trajet en 7 h. — Traversée en 1 h.*

Tous les trains comportent des 2ᵉ classes.

En outre, les trains de malle de nuit partant de Paris pour Londres à 9 heures du soir et de Londres pour Paris à 8 h. 15 du soir prennent des voyageurs munis de billets de 3ᵉ classe.

## DÉPARTS DE PARIS

*Viâ* **Calais-Douvres** ; 8 h., 11 h. 50 du matin, et 9 h. du soir.

*Viâ* **Boulogne-Folkestone** : 10 h. 30 du mat.

## DÉPARTS DE LONDRES

*Viâ* **Douvres-Calais** : 8 h., 11 h. du matin et 8 h. 15 du soir.

*Viâ* **Folkestone-Boulogne** : 10 h. du matin.

Les services postaux pour l'Angleterre sont assu-rés *viâ Calais* par trois trains express ou rapides partant de Paris à 8 heures ; 11 h. 50 du matin et 9 heures du soir.

Par le train-poste de 9 heures du soir, les lettres remises avant 8 h. 50 à la gare du Nord arrivent à Londres le lendemain matin à 5 h. 45, et sont comprises dans la première distribution ; celles pour l'au-delà de Londres sont acheminées sur leur destination par les premiers trains de la matinée.

# BILLETS D'ALLER & RETOUR

## A PRIX RÉDUITS

La Compagnie des chemins de fer de l'Ouest délivre, toute l'année, de Paris à toutes les gares de son réseau (*grandes lignes*), et vice versa, des billets d'aller et retour comportant une réduction de 25 p. 100 en 1re classe et de 20 p. 100 en 2me et 3me classe sur les prix doublés des billets simples à place entière.

La durée de validité de ces billets est fixée ainsi qu'il suit :

| | | |
|---|---|---|
| De 1 à 30 kilomètres. . . | 1 jour. |
| De 31 à 125 » | . . . | 2 jours. |
| De 126 à 250 » | . . . | 3 jours. |
| De 251 à 400 » | . . . | 4 jours. |
| De 401 à 500 » | . . . | 5 jours. |
| De 501 à 600 » | . . . | 6 jours. |
| au-dessus de 600 » | . . . | 7 jours. |

Les délais indiqués ci-dessus ne comprennent pas les dimanches et jours de fêtes. — La durée des billets est augmentée en conséquence.

# ABONNEMENTS SUR TOUT LE RÉSEAU

La Compagnie des chemins de fer de l'Ouest fait délivrer, sur tout son réseau, des cartes d'abonnement nominatives et personnelles (*en 1re, 2me et 3me classe*), pour 1 mois, 3 mois, 6 mois ou un an.

Ces cartes donnent droit à l'abonné de s'arrêter à toutes les stations comprises dans le parcours indiqué sur sa carte et de prendre tous les trains comportant des voitures de la classe pour laquelle l'abonnement a été souscrit.

Les prix sont calculés d'après la distance kilométrique parcourue.

Il est facultatif de régler le prix de l'abonnement de six mois ou d'un an, soit immédiatement, soit par paiements échelonnés.

Les abonnements d'un mois sont délivrés à une date quelconque, ceux de 3 mois, 6 mois et un an partent du 1er et du 15 de chaque mois.

*Direction Artistique*

# CONCERTS, BALS ET SOIRÉES

# J. MÉLÉ, A. 🏵

## Chef d'Orchestre

1ᵉʳ PRIX DU CONSERVATOIRE DE PARIS

## 20, Rue Cadet, 20

# PARIS

www.ingramcontent.com/pod-product-compliance
Ingram Content Group UK Ltd.
Pitfield, Milton Keynes, MK11 3LW, UK
UKHW020121130726
13696UKWH00001B/151